Spanisch für Besserwisser, Band VII

G. Aparicio

Spanisch für Besserwisser

«... auf Liebe eingestellt»

Schmetterling Verlag

Bibliografische Informationen der Deutschen Bibliothek
Die Deutsche Bibliothek verzeichnet diese Publikation in der
Deutschen Nationalbibliografie; detaillierte Daten sind im Internet
über http://dnb.ddb.de abrufbar.

Schmetterling Verlag GmbH
Lindenspürstr. 38 b
70176 Stuttgart
www.schmetterling-verlag.de
Der Schmetterling Verlag ist Mitglied von aLiVe.

ISBN 3-89657-363-2
1. Auflage 2008
Printed in Germany
Alle Rechte vorbehalten
Illustrationen: Marlene Pohle
Satz und Reproduktionen: Schmetterling Verlag
Druck und Binden: freiburger graphische betriebe, Freiburg

Inhalt

Vorwort

Über Liebe reden und über Sex. Spanisch und auch deutsch. Anständiger- und auch unanständigerweise.

Über den Körper, über seine Teile und über seine Funktionen reden – spanisch, aber auch deutsch. Über jene Teile, die wir so gern benennen würden und dann doch so ungern benennen, über jene Funktionen, die uns so glücklich machen, aber auch so unglücklich. In Deutschland und in Spanien und anderswo.

Spanisch für Liebende, Spanisch für die Liebe, Spanisch in Liebe, die Liebe auf Spanisch ...

Spanisch reden über Liebe und Sex. Hablar en castellano del amor y del sexo.

Nur das will ich in diesem Buch.

Geholfen haben mir diesmal vor allem Josefine Vogl, Rainer Würgau und Lutz Olbrich.

G. Aparicio

Preludio

Macho y hembra

— ¿Quiere Usted que, para empezar nuestro nuevo libro, le haga una confesión?

— Ein Geständnis? Todas las confesiones que Usted quiera.

— Pues le confieso que, cuanto más viejo soy, más me impresiona el hecho de que la humanidad o el género humano conste de hombres y mujeres.

— Eso es la cosa más simple del mundo. Das menschliche Geschlecht besteht in der Tat aus Männern und Frauen.

— Sí, lo sé. Hasta la Biblia lo dice, en el primer capítulo: «...y creó Dios a los hombres... Macho y hembra los creó.»[1]

— Mann und Weib, como creo que dice la Biblia alemana.

— Sí, eso es: varón y hembra, hombre y mujer, macho y hembra.

— ¿Y?

— ¿Y eso a Usted no le impresiona?

— A mí me parece la cosa más normal del mundo.

— A mí también. Pero no por eso deja de impresionarme. Y más, cuanto más viejo soy.

— Pues no le entiendo.

— Es bien fácil de entender. Lo que me impresiona es el descubrir, a mis años, que no existen personas.

— Es gibt keine Personen?

— Nein, es gibt keine Menschen, sólo hay hombres y mujeres. La humanidad no se compone de unos seres indiferenciados llamados personas, sino de dos especies tan distintas como los machos y las hembras.

— Langsam! En este caso no se puede hablar de especies distintas. Männer und Frauen bilden keine zwei Gattungen. Son dos géneros de la misma especie. Zwei Geschlechter der gleichen Gattung, der Gattung Mensch. Dos géneros de la especie humana.

---

1   Gen 1, 27

— Todo lo que Usted quiera. Pero un hombre y una mujer son dos mundos.

— Nein, zwischen einem Mann und einer Frau liegen keine Welten.

— Entre un hombre y una mujer hay diferencias, es cierto, pero eso de que sean dos mundos me parece una exageración.

— Pues a mí no.

— Hombre, claro está que el cuerpo de una mujer es bastante distinto del cuerpo de un hombre. Tienen algunos órganos distintos, eso está claro.

— ¿Y le parece a Usted poco que donde el hombre tiene un colgajo más bien ridículo la mujer tenga una gruta llena de misterios?

— ¿Colgajo?

— Sí, Gehängsel.

— ¿O sea que, para Usted, el pene del hombre es un colgajo ridículo, y la vagina de la mujer es una gruta llena de misterios?

— ¿Y para Usted no?

— Yo veo esas cosas de modo más objetivo.

— ¿Y cómo ve Usted esas cosas?

— Yo veo que el cuerpo de la mujer cumple unas funciones y el del hombre otras. Y que, para cumplir esas funciones distintas, el cuerpo de la mujer y el del hombre tienen órganos distintos. El pene no es un colgajo ridículo sino un instrumento para introducir el semen en la vagina de la mujer. Y la vagina de la mujer no es una gruta llena de misterios sino un recipiente.

— Ein Behälter? ¿Y eso es todo?

— Hombre no, eso no es todo, pero eso es lo principal.

— Meinen Sie? ¿Y qué me dice Usted del pecho plano de un hombre y de los pechos más o menos curvos y turgentes de una mujer?

— ¿Turgentes?

— Drall, quellend, schwellend, hochgewölbt ...

— Es reicht, es reicht. Also, darüber könnte man lange reden, denn nicht jede weibliche Brust ist so ... turgente wie Sie meinen.

— No, no, yo no digo que el pecho de todas y cada una de las mujeres sea turgente, lo mismo que no digo que el pecho de todos y cada uno de los hombres sea plano.

9

— No, realmente, hay hombres que tienen pechos más grandes que muchas mujeres. Pero un pecho «turgente» en un hombre es antiéstético, mientras que en una mujer...

— ¿Ve Usted? Ahora también Usted habla de la estética de un órgano femenino, mientras que hace un momento, a propósito del pene y de la vagina, Usted se limitaba a hablar de ellos como instrumentos para cumplir unas funciones.

— Hombre, es que los pechos de una mujer son otra cosa.

— Según Usted, no serían más que instrumentos, instrumentos para dar de mamar a las criaturas. Stillinstrumente, Stillmittel, Milchquellen. Según Usted, los pechos de una mujer no serían más que ubres, Euter, ni más ni menos que las ubres de una vaca.

— Hombre, no tome Usted mis palabras tan al pie de la letra. So wortwörtlich habe ich es nicht gemeint. Los pechos de una mujer no son ubres, no son puros instrumentos. Son...

— ¿Qué son?

— Pues son eso, reife Granatäpfel, hüpfende Apfelsinen, samtene Monde, zarte Hügel ...

— Granadas maduras, naranjas saltarinas, lunas de terciopelo, colinas tiernas... Ya solo falta que nos cite Usted el *Cantar de los Cantares*.

— Eso pensaba hacer, pero en alemán, porque no conozco el texto en castellano: «Deine beiden Brüste sind wie junge Zwillinge von Gazellen, die unter den Lilien weiden.»

— «Tus pechos, dos crías mellizas de gacela paciendo entre azucenas.» [2]

— Pero claro, el poeta bíblico está hablando aquí de los pechos de una mujer joven.

— Todos los poetas del mundo, cuando cantan embelesados el cuerpo de una mujer, están cantando el cuerpo de una mujer joven.

— ¿Embelesados?

— Entzückt.

— Ah ja. Sí, tiene Usted razón. Die Dichter, wenn sie voller Entzückung den Körper einer Frau besingen, besingen sie den Körper

---

2   Cantar de los Cantares 4, 5

einer jungen Frau. Pero yo creo que eso lo hacemos todos. Cuando hablamos de la estética del cuerpo femenino estamos refiriéndonos, más o menos conscientemente, a la estética de un cuerpo joven. Y de hecho, die Akte ...

— Los desnudos.

— Danke! De hecho los desnudos en el arte, al menos los desnudos clásicos, presentan mujeres jóvenes, mujeres cuyos cuerpos acaban de florecer...

— Bueno, bueno, no exagere Usted ahora, pues hay chicas jóvenes con cuerpos más bien disformes y hay mujeres maduras con cuerpos esculturales...

— Cuerpos *disformes*, cuerpos esculturales...

— Das Wort *disforme* ist hier nicht unbedingt wortwörlich zu verstehen. Es ist in der Tat ein hartes Wort: *unförmig.* Gemeint ist hier: *nicht gar so schön.*

— Dann wäre es besser, Sie würden nicht *disforme* sagen.

— Bien, digamos que hay chicas jóvenes con cuerpos menos agraciados que los cuerpos esculturales de algunas mujeres maduras.

— Cuerpos esculturales: bildhauerwürdige Körper, Körper wie gemeißelt ... Ist das wieder so eine rhetorische Übertreibung?

— No, no. Das meine ich ernst: hay mujeres maduras con cuerpos esculturales, mucho más bellos y mucho más interesantes que los cuerpos de las muchachitas en flor.

— Haben Sie was gegen die Schönheit des jungen Körpers einer jungen Frau in der Blüte?

— No, yo no tengo nada en contra de la belleza joven de una mujer joven. Y en contra de la belleza joven de un hombre joven tampoco. Pero yo prefiero cuerpos en la plenitud, no sólo florecidos, sino convertidos ya en frutos maduros. Y de hecho en los desnudos clásicos no hay sólo jovencitas.

— Pero alles in allem los desnudos clásicos respondían a un canon más bien juvenil de belleza.

— Wobei der Begriff *juvenil, jugendlich,* no es fácil de precisar. ¿Cuándo comienza y cuándo termina la juventud?

— Sí, eso depende de muchos factores. Pero el hecho es que el cuerpo, a partir de una cierta edad, va perdiendo...

— Y de hecho las mujeres, a partir de una cierta edad, muestran menos generosamente su cuerpo que cuando eran jóvenes.

— Bueno, sí, y por desgracia, ocurre demasiado a menudo que las mujeres, con la edad, se abandonan, sie vernachlässigen sich.

— Por lo visto sí. Pero a lo que íbamos:[3] insisto en que entre una mujer y un hombre hay un mundo, no sólo en la figura, en los órganos, en la presencia, en la apariencia, en la estética. Entre una mujer y un hombre hay también un mundo en eso que llamamos *psique*, carácter, talante, comportamiento, tendencias, reflejos...

— Que en último término quizás no sea más que una cuestión de hormonas.

— ¿Y le parece poco? Hormonas distintas hacen personas distintas.

— Hormone machen Leute ...

— Sozusagen. Las hormonas cambian a las personas.

— Sogar gereimt.

— Jawohl! Las hormonas hacen a las personas. Hormonas distintas provocan comportamientos distintos. Es más, hormonas distintas provocan sentimientos distintos, gustos distintos, ideas distintas, filosofías distintas, estéticas distintas, morales distintas...

— ¿Cree Usted?

— No sólo lo creo, estoy convencido de ello. Y quizás ahora comprenda Usted por qué me impresiona tanto el hecho de que la humanidad no se componga de «personas», sino de machos y de hembras.

— Wenn Sie meinen ...

— Pero hay más. Lo que a mí más me impresiona del hecho de que no seamos personas neutras sino machos y hembras, es que esta diferencia es el factor que más marca la vida, la vida de los individuos y la vida de las sociedades.

— Dieser Unterschied ist der Faktor, der am meisten das Leben der Individuen und der Gesellschaft prägt? A ver, explíquese.

— Actuamos como machos y como hembras, no como personas abstractas o mejor dicho neutras.

---

3   a lo que iba – was ich noch sagen wollte

— Ja schon, wir handeln als Männchen und als Weibchen, nicht als abstrakte, neutrale Menschen ... Und?

— Y cuando nos relacionamos con los demás, no nos relacionamos como personas sino como machos y como hembras.

— Wenn wir mit den anderen verkehren, tun wir es als Männchen und Weibchen ... Jetzt wiederholen Sie sich.

— No, no me repito. Son matices. Lo que yo quiero decir es que en el drama humano, o en la comedia, o en la tragedia humana el tema principal, si no el único, es el del macho que busca a la hembra y de la hembra que busca al macho; del macho que se siente a gusto con la hembra encontrada y de la hembra que se siente a gusto con el macho encontrado; del macho que se siente a disgusto con su hembra y de la hembra que se siente a disgusto con su macho; de los dos machos que pretenden a la misma hembra o de las dos hembras que pretenden al mismo macho... Y no olvidemos la variante de los machos que no encuentran hembra y de las hembras que no encuentran macho...

— Vale, vale.

— No, no vale, porque las variaciones del tema macho y hembra son infinitas y van de la comedia a la tragedia pasando por el drama.

— Pero bueno, no todo en la vida se reduce a un Such- und Versteckspiel entre el macho y la hembra.

— Yo no digo que toda la vida se reduzca a ese juego del escondite o a esa caza o a ese mercado o a esa lucha entre macho y hembra. Lo que digo es que ese juego o esa lucha es el factor que más marca la vida, la vida de los individuos y la vida de las sociedades. Y por eso me gusta tanto citar la Biblia, que comienza prácticamente con aquella afirmación solemne de que «Dios creó a los hombres... macho y hembra los creó.»[4]

— Yo pensaba que Usted no cree en Dios...

— Y piensa Usted bien. Lo cual no obsta a que me encante ese texto, porque expresa magníficamente el hecho de que no somos

---

4   Gen 1,27

13

personas neutras sino macho y hembra, por constitución, por naturaleza.

— Dios sería en este caso una metáfora.

— Sí, una metáfora. Y me gusta también citar a Lobo Antunes, ese gran escritor portugués, cuando hablaba de «la emoción de la feminidad que me perturbará hasta el final, cuando yo sea unos huesos».[5]

— Mann und Weib, Weib und Mann selbst im Grab.

— Sí, machos y hembras hasta bajo tierra.

---

5   Lobo Antunes en El País, 07.02.04

I.   El amor

All you need ...

— ¿Se puede vivir del amor?

— Ob man von der Liebe leben kann?

— Sí, yo creo que mi pregunta es bien clara. Pero vuelvo a preguntarle: ¿Se puede vivir del amor?

— ¿Sólo del amor?

— Sí, sólo del amor.

— ¡Qué pregunta! Sólo del amor no se puede vivir por más que los Beatles digan que *all you need is love*. Lo que los Beatles cantan es poesía, y la poesía es fantasía.

— Está bien. Con solo el amor no se puede vivir. Pero sin amor tampoco se puede vivir...

— Yo diría que no, que sin amor no se puede vivir, aunque me temo que haya suficientes personas en este mundo que viven sin amor. Y por eso hay tantos locos y trastornados...

— ¿Se da cuenta Usted de que trastornado es wortwörtlich verrückt?

— Hombre, pues sí, no me había dado cuenta hasta ahora: trastornado, es decir ver-rückt.

— Pero bien, Usted dice que hay tantos locos y trastornados por falta de amor.

— Sí, yo creo que esa es la razón principal de los diversos trastornos emocionales... Pero dígame, antes de seguir adelante, cómo llamamos en alemán los trastornos emocionales.

— Ich meine, wir sprechen von Gemütskrankheiten.

— Ah ja. Trastornos emocionales, Gemütskrankheiten ...

— O sea que sin amor nos trastornamos.

— Sí, sin amor nos trastornamos, entendiendo por amor en este caso no sólo el amor en su dimensión erótica, sino también en su dimensión de cariño.

— Die Liebe als Zuneigung, als Zärtlichkeit ...

— Sí, no me canso de decir que *Zuneigung* y *Zärtlichkeit* son palabras preciosas.

— Preciosas son también las palabras *cariño* y *ternura*.

— Son palabras que hablan del amor incluyendo dimensiones no sólo eróticas.

— Sí, acabamos de decirlo.

— Pues bien, yo diría que sin amor, en su dimensión erótica, se puede vivir, incluso sin trastornarse demasiado emocional o mentalmente; pero sin cariño no; sin cariño... Sin cariño no nos desarrollamos como personas.

— Ohne Zuneigung werden wir zu Mißgeburten.

— Auf jeden Fall. Sin amor, sin cariño la vida no es vida. Y sin embargo insisto en que no se puede vivir sólo del amor. Y por eso el dicho de «contigo pan y cebolla» hay que entenderlo con una buena porción de ironía.

— Sé que Usted lo comenta en su libro sobre los refranes, pero no recuerdo lo que dice.

— Pues déjeme que le recuerde lo que escribí allí:

> «Contigo, pan y cebolla» es un dicho donde faltan los verbos. Si los añadimos diríamos: Para *vivir* contigo *me bastarían* pan y cebolla. Contigo *estaría dispuesto a vivir sólo de* pan y cebolla. Es una declaración de amor, evidentemente: «Estoy dispuesto a vivir contigo, aunque ello me obligue a ser pobre.»
> Es también evidente el tono irónico. No le anda lejos el giro alemán que habla de que alguien von *Luft und Liebe lebt.* A la larga no hay pareja que viva de *Luft und Liebe* ni tampoco de pan y cebolla. Lo comenta Larra en un artículo que lleva el título «Contigo pan y cebolla»:
> «...para quererse mucho es indispensable haber comido algo.»[6]

— Sí, está muy bien dicho, «para quererse mucho es indispensable haber comido algo».

---

6   M. J. de Larra: Obras. Espasa Calpe 1975, tomo II, p. 89

— Y muchos son los amores que comienzan con grandes fervores[7] y fracasan ante las exigencias de la vida normal, de la rutina de cada día.

— Ja, so ist es leider. Die Liebe beginnt manchmal mit Feuereifer, inbrünstig, und scheitert dann vor den Anforderungen des Alltags.

— Im Alltag no basta con quererse mucho ni con entenderse muy bien eróticamente.

— No basta, pero es fundamental.

— En realidad lo que estamos diciendo son perogrulladas.

— Sí, son Binsenwahrheiten. Pero las perogrulladas son tan evidentes, que muchas veces las olvidamos, de puro evidentes. Yo conozco a más de uno y más de dos matrimonios que han dejado de quererse y siguen juntos.

— Que han dejado de quererse ¿en qué sentido?

— En el sentido emocional y en el sentido erótico.

— Tote Hose.

— Eso es, tote Hose. Y no sé si se da cuenta Usted de lo que acaba de decir.

— ¿A qué se refiere Usted?

— A que no sé si sabe Usted lo que originariamente significa *tote Hose*.

— No lo sé, pero me lo imagino.

— ¿Y qué se imagina Usted?

— Que *tote Hose* significa que in der Hose des Mannes sich nichts mehr regt.

— So ungefähr.

— Es interesante que esta expresión sólo se refiera al hombre. ¿Y la mujer? ¿Qué se dice cuando una mujer pierde las ganas de hacer el amor?

— ¿En castellano o en alemán?

— En castellano, porque en alemán se dice que la mujer es *frigide*.

---

7   *Fervor* tiene el mismo origen que *hervir* y significa *Feuereifer, Inbrunst* ... Also jemand kocht, aber nicht vor Wut, sondern vor Liebe oder Hingabe.

— Pues igual se dice en castellano: de una mujer que no acciona ni reacciona eróticamente se dice que es *frígida*, un adjetivo puramente latino que no signfica sino *fría*.[8] Pero nos hemos alejado mucho del principio, cuando nos preguntábamos si es cierto lo que dicen los Beatles cuando cantan que «todo cuanto necesitas es amor».

— Sí, quizás nos hayamos alejado mucho del principio. Fast bräuchten wir einen Diskussionsleiter.

— Propongo que terminemos por hoy volviendo al principio, cuando decíamos que sólo de amor no se puede vivir, pero que sin amor no se puede vivir con una cierta salud mental y emocional.

— ¡Olé!

— Pero yo creo que tenemos que hablar aún un rato sobre el amor. Porque es un tema muy complejo.

— Ja, es ist ein weites Feld.

---

8   más sobre este tema en las páginas 178

¿Qué es el amor?

(Erster Versuch)

— ¿Qué es el amor?

— ¿Qué amor?

— El amor.

— Una abstracción. Una abstracción tan abstracta, que puede significar casi todo y casi nada. Para concretar tenemos que distinguir.

— Pues distingamos.

— Pero, antes de empezar a distinguir, déjeme que le diga que el amor es una emoción...

— Eine Gemütsbewegung...

— Sí, una emoción que nos vincula a otra persona.

— Eine Gemütsbewegung, die uns an jemanden bindet?

— Ja, das ist im Grunde die Liebe. Pero esa emoción y el consiguiente vínculo unas veces se basan en la biología, en eso que llaman vínculos de sangre...

— Die Blutsverwandschaften!

— Sí, y otras veces esa emoción y el consiguiente vínculo no tienen nada que ver con la sangre...

— Die Wahlverwandschaften!

— ¡Exacto! Así que existen amores basados en una relación biológica, como son el amor materno, el amor paterno, el amor filial, el amor fraterno... En cambio el amor entre amigos y el amor de pareja...

— Un momento. ¿El amor de pareja?

— Die Liebe eines Liebespaars.

— Está bien. Siga, por favor.

— Le decía que el amor entre amigos y el amor de pareja se basan en una relación más compleja que la biológica, se basan en una...

— En una afinidad.

— ¡Eso es! El amor entre amigos y el amor de pareja se basan en una afinidad que puede ser de muchos tipos: afinidad moral, intelectual, de gustos...

— ...y afinidad sexual...

— Sí, y afinidad sexual. Y esta diversidad de afinidades permite hablar de diversos tipos de amor, una gama[9] muy amplia que va del amor espiritual al amor carnal pasando por los más diversos grados de amistad.

— Amor carnal... Fleischliche Liebe! ¡Qué mal suena eso! Suena a filetes, chuletas y carne picada.

— Pues digamos amor sensual.

— Sinnlich?

— Sí, sinnlich, que podemos traducir por sensual e incluso por sexual. Pero sexual equivale a carnal. Así que, si Usted lo prefiere, llamemos al amor carnal amor sexual.

— ¿Y por qué no amor erótico?

— En primer lugar porque eso es doppelt gemoppelt: amor es eros y eros es amor. Eros en griego y amor en latín. Y en segundo lugar porque lo erótico desgraciadamente ha venido a situarse cerca de lo pornográfico, lo cual es una pena, ya que a mí me encantaría poder hablar de lo erótico, del erotismo, sin miedo a que me miren como si estuviese hablando de pornografía.

— ¿Y eso qué tiene de malo?

— Usted me entiende.

— No, no le entiendo, porque yo no tengo nada en contra de que se presenten desnudos de hombres y mujeres y de que se escriban novelas y cuentos contando actividades sexuales.

— Ni yo tampoco tengo nada en contra de esa «pornografía» que no es tal. Porque pornografía, como Usted muy bien sabrá, viene de *pornos*, que significa sucio, y de *grafein*, que significa describir. Hacer pornografía es por tanto describir algo sucio o describirlo suciamente. Así que retratar o describir desnudos y actos sexuales sólo merece el nombre de pornografía si se describen actos sexuales sucios, es decir reprobables, verwerfliche.

---

9   gama – Spektrum, Bandbreite

— Algún día tendríamos que dedicarle un capítulo a la pornografía.

— Ya veremos. Así que volvamos a lo nuestro, que era la enumeración de las diversas emociones a las que llamamos amor. Son emociones que nos vinculan a otra persona. Pero, paradójicamente, se habla también del amor propio.

— Eigenliebe?

— Sí, Eigenliebe. Pero le advierto que en castellano hay contextos en los que *amor propio* significa algo así como *Ehrgeiz*. Si yo digo que Usted tiene mucho amor propio estoy diciendo que Usted es muy ehrgeizig.

— Was ich nicht bin.

— No sé si elogiarle por ello o si criticarle.

— Mejor será que no diga nada y siga hablándome del amor propio.

— Le decía que es paradójico hablar de amor propio en el sentido de Eigenliebe, porque amor es esencialmente un sentimiento que nos vincula a otra persona; de modo que el amor propio, un sentimiento que nos vincula a nosotros mismos, es prácticamente lo contrario del amor.

— ¿Y si habláramos de autoestima?

— Selbstachtung? Zu fade. Lo que, paradójicamente, llamamos amor propio es un sentimiento más intenso y más hondo que la autoestima.

— Pero el amor propio puede entenderse también como narcisismo.

— Sí, el amor propio, entendido como narcisismo, es lo contrario del amor.

— Narciso es incapaz de amar.

— Sí, en cambio eso que paradójicamente llamamos amor propio, lejos de ser lo contrario del amor, es la base y la condición que hace posible todo otro tipo de amor.

— ¿O sea que Usted es de los que creen que sólo quien se ama a sí mismo es capaz de amar?

— Sí, más o menos. Mascha Kaleko lo expresa divinamente y con humor:

In mir ist alles aufgeräumt und heiter:
Die Diele blitzt. Das Feuer ist geschürt.
An solchem Tag erklettert man die Leiter,
Die von der Erde in den Himmel führt.
Da kann der Mensch, wie es ihm vorgeschrieben,
Weil er sich selber liebt – den Nächsten lieben.

— Und wie stehen Sie zu der sogenannten Nächstenliebe?

— Yo soy de la opinión de que a eso que llamamos amor al prójimo no debiéramos llamarlo amor, porque el amor es un sentimiento muy personal y muy especial. En cambio el «amor al prójimo», mientras no sea amor a un prójimo muy concreto, es un sentimiento muy general que no merece el nombre de amor, porque sólo podemos sentir amor por personas muy concretas con las que tenemos una relación muy concreta. «El prójimo» es una abstracción. Por eso no debiéramos tampoco hablar nunca del amor universal.

— El amor es siempre concreto.

— Sí, el amor es siempre concreto.

— ¿Y el amor divino?

— Los monoteístas hablan también del amor divino, que es tanto el amor de Dios hacia los hombres como el de los hombres hacia Dios.

— ¿Existe el amor divino?

— Todo lo que se nombra existe, al menos para quien lo nombra.

— ¿Y para Usted?

— Hoy no tengo ganas de hablar de este tema.

— Está bien. Pero prométame que otro día hablaremos del amor divino.

— Prometido, si Usted se empeña.[10]

— Me empeño.

— Pues sigamos con los diversos tipos de amor. Se habla también del amor al arte, del amor a la ciencia, a la literatura, al cine, al teatro... Pero amor no es en este caso más que una metáfora.

— ¿Y no tienen nada en común toda esta clase de amores?

_____

10   ver el capítulo sobre El Cantar de los Cantares

— Común a los amores familiares y amicales, carnales o no, es un sentimiento que, en su mejor forma, podemos denominar cariño.

— Zuneigung?

— Sí, más o menos. Cariño o afecto. Y común a los amores que no se dirigen a una persona sino al arte, a la música, a la ciencia etc., es lo que podríamos llamar afición.

— Neigung?

— Más o menos.

— Zuneigung oder Neigung. Immerhin ein positives Gefühl, das vereint, und sei es nur tendenziell.

— Sí, un deseo de unirse, un deseo de compartir, incluso un deseo de poseer.

— ¿Y eso sería el denominador común de todos esos sentimientos tan distintos que llamamos amor? ¿Un deseo?

— Un deseo o una necesidad. O un deseo nacido de una necesidad.

— ¿Necesidad en qué sentido? ¿En el sentido de Notwendigkeit?

— De Notwendigkeit y de Not.

— Also Bedürfnis?

— Bedürfnis que también es Bedürftigkeit.

— O sea que quien ama está pretendiendo llenar un vacío...

— Muy bien dicho. Ya Platón mismo pone en boca de Sócrates una idea muy parecida a la que Usted acaba de expresar. En el *Banquete* de Platón acabo de leer hace unos días lo siguiente: Eros «ama aquello de lo que está falto[11] y no posee». «...Eros... por carecer de cosas buenas y bellas, desea precisamente eso mismo de que está falto.»

— Llenar un vacío, decía Usted. Y como en nosotros hay tantos vacíos, de ahí que haya también tantos tipos de amor. Für jedes Bedürfnis eine Art von Liebe.

— Más o menos. Por cierto que Bedürfnis es una de esas palabras que envidio en el alemán y que no consigo traducir al castellano adecuadamente. *Necesidad* se le acerca, pero no le llega, porque necesidad significa unas veces Notwendigkeit, otras Not y otras

---

11   de lo que está falto – was ihm selber fehlt

incluso Bedürfnis, pero en el sentido que tiene Bedürfnis cuando hablamos de Bedürfnisanstalt. *Hacer sus necesidades*, una expresión tan desgraciada como aquella de *seine Notdurft verrichten*.

— ¿Y por qué le parece tan desgraciada esa expresión?

— Pues porque reduce nuestras necesidades a la necesidad de defecar.

— So gesehen ...

— Pero volvamos a nuestro intento de definir el amor. Parece que estamos de acuerdo en que el amor es el deseo de llenar un vacío, que puede ser un vacío emocional, intelectual, material. Pero cuando hablamos de amor en su sentido más propio, entendemos por amor la relación afectiva positiva entre personas. Y puestos a definir esa relación afectiva positiva, esa inclinación emocional entre personas, creo que lo más acertado es decir que amar es el deseo de compartir.

— ¿De compartir qué?

— De compartir una o varias o todas las facetas de la vida: compartir el espacio, hasta el extremo de compartir la cama; compartir la presencia, eliminar la distancia entre los cuerpos hasta el máximo, compartiendo incluso la piel hasta el extremo de adentrarse, de «penetrar» en la otra persona, de fundirse corporalmente con ella.

— Bueno, Usted está ya hablando del amor en su sentido erótico, decididamente sexual.

— Es que ése es a mi entender el modelo y el prototipo de todo lo que llamamos amor. Ese amor es el amor real. Todos los demás amores no son amor más que en sentido metafórico.

— Darüber muß ich nachdenken. Machen wir eine Pause?

— Como Usted quiera.

— Pues hagamos una pausa. ¿Seguimos mañana?

— Mañana seguimos.

¿Qué es el amor?

(Zweiter Versuch)

— He estado pensando en lo que Usted decía ayer sobre qué es el amor.

— ¿Y?

— Que me parece que Usted idealiza...

— ¿Y qué es lo que yo idealizo, wenn ich bitten darf?

— Que Usted dice que el origen o la esencia del amor es el deseo de compartir.

— ¿Y Usted piensa que no?

— Yo pienso que el origen del amor es el instinto sexual.

— El origen del amor como eros...

— El amor, en su sentido primario, es el amor como eros, como Usted mismo decía ayer hacia el final de nuestra conversación.

— Sí, tiene Usted toda la razón: el amor que no es eros, como el amor de padres a hijos y de hijos a padres, no es amor más que en un sentido metafórico.

— Y por eso sería mejor no llamarlo amor sino estima, aprecio, apego...

— Mejor sí sería, pero no podemos ponernos ahora a depurar la lengua. No nos queda más remedio que conformarnos con la imprecisión del lenguaje.

— Pero bien, selbst wenn wir uns mit der Ungenauigkeit der Sprache abfinden, ¿qué le parece si volvemos a plantearnos la pregunta de qué es amor o qué es el amor?

— Me parece muy bien, pues del amor podemos estar hablando día y noche sin agotar el tema.

— Decía Usted ayer que la base del amor es el deseo de compartir, y yo digo ahora que la base del amor es el instinto sexual...

— ...que es un instinto que nos urge a compartir lo más sensible de nuestro cuerpo con otra persona.

— Ein Instinkt, der uns drängt, unseren Körper mit einer anderen Person zu teilen ... So gesehen ...

— Y por eso llamamos amor a diversas formas de compartir: por eso hablamos no sólo de amor en sentido estricto, sino que hablamos también de amistad, de amor espiritual, de amor platónico, de amor fraternal, de amor paternofilial... que no son formas puramente pragmáticas de compartir.

— ¿Qué quiere Usted decir con eso de que no son formas puramente pragmáticas de compartir?

— Quiero decir que hay formas puramente pragmáticas de compartir, por ejemplo una sociedad anónima, un ejército, una asociación de vecinos, un sindicato... Lo que en estos casos une a los miembros entre sí son puros intereses. Lo que en estos casos comparten los miembros entre sí no supone ni produce una intimidad emocional. En cambio el amor en su sentido estricto implica la máxima intimidad erótica; y la amistad, el amor espiritual, el amor platónico, el amor fraternal, el amor paternofilial... son formas de compartir que implican una intimidad emocional que tiene un cierto parentesco con el eros.

— ¿En qué sentido?

— En cuanto que también en la amistad, en el amor espiritual etc. lo esencial es el compartir mismo, la corriente emocional, un acercamiento, incluso una cierta identificación, sin llegar, claro está, a la interpenetración, a la identificación carnal que implica el amor en su sentido primario.

— Pero bueno, el amor en su sentido estricto no se limita a compartir el sexo, sino que contiene elementos de lo que llamábamos amistad, amor espiritual, amor platónico, amor fraternal e incluso amor paternofilial.

— Sí, lo que yo llamo amor en su sentido estricto o simplemente eros no se reduce ni mucho menos a lo sexual, por muy esencial que lo sexual sea en el amor.

— En el diálogo anterior estábamos de acuerdo en que amar a alguien es vincularse a alguien, vincularse emocionalmente. Sich binden, sich emotional binden.

— Sí y no. El amor es un vínculo emocional, pero no todo vínculo emocional es amor. También el odio y la envidia, por ejemplo, nos vinculan emocionalmente a la persona odiada o envidiada.

— Sí, claro, eso se sobreentiende.

— En estos asuntos es mejor no sobreentender nada.

— Bueno, bien, el vínculo emocional que llamamos amor nace de la atracción y el cariño...

— Que no siempre son mutuos.

— De modo que el amor puede ser unilateral.

— Sí, por ejemplo cuando yo estoy enamorado de una mujer sin que ella lo sepa.

— O cuando mi amor no es correspondido.

— Quien ama unilateralmente suele sufrir.

— Darüber könnte ich Ihnen ein Lied singen ...

— Tun Sie es!

— Nein, lieber nicht.

— Usted sabrá. Así que sigamos. Pero hablemos del amor bilateral, que es el que realmente merece el nombre pleno de amor. Ese amor se basa en la atracción mutua, que traducíamos por Zuneigung, y que también podemos llamar cariño.

— Pero yo me pregunto de dónde nace esa atracción o ese cariño que yo siento por un amigo o por una amiga...

— Esa es la pregunta que me parece la pregunta clave en el tema del amor: ¿Por qué nos enamoramos?

— ¿Y por qué nos enamoramos?

— Porque esa persona nos atrae, es decir, weil diese Person uns zu sich hinzieht.

— Wie ein Magnet?

— Sí, como un imán.

— Die Liebe wäre dann eine Art Sog ...

— Sí, el amor sería como un remolino que nos arrastra hacia otra persona.

— ¿Y por qué esa atracción, ese remolino?

— Porque esa persona pone en marcha de un modo muy especial mi deseo de compartir con ella lo más íntimo de mi piel.

— Pero eso no es todo...

— No, eso no es todo, pero eso es lo primero y principal en el amor que llamamos eros, es decir en el amor-amor.

— Pero cuando yo me enamoro de una mujer no pienso sólo en acostarme con ella. Pienso también en comer con ella, en conversar con ella, en confiarme a ella, en reír con ella...

— ¿Y en llorar con ella?

—Y en llorar con ella. Como Heine cuando escribe:

> *Lehn deine Wang an meine Wang,*
> *dann fließen die Tränen zusammen ...*

— Da haben wir es wieder: das Teilen als das Wesen der Liebe. El compartir es la esencia del amor. El compartir la piel y las emociones e incluso el compartir las ideas.

— El placer del compartir.

— Sí, el placer que produce el compartir la piel y las emociones es posiblemente el motor de esa atracción o cariño que llamamos amor.

— Así que, según Usted, nos enamoramos de alguien porque ese alguien despierta en nosotros de un modo muy especial nuestro deseo de compartir nuestra piel, nuestras emociones e incluso nuestras ideas.

— Sí, nos enamoramos de alguien porque de ese alguien esperamos un placer especial en el compartir la piel y las emociones e incluso las ideas.

— Aber diese unsere Hoffnung kann enttäuscht werden ...

— Sí, claro, esa esperanza nuestra puede verse defraudada. El enamoramiento inicial no siempre acaba en un amor más o menos estable. A veces se queda en eso, en una especie de fuegos artificiales que se apagan al poco tiempo.

— Ein Feuerwerk.

— Pero muchas veces ese Feuerwerk, esos fuegos artificiales se convierten en fuego estable, y entonces el enamoramiento se consolida dando lugar a eso que llamamos amor.

— Sie meinen also, daß wir deswegen jemanden lieben, weil dieser Jemand uns einen Grad oder eine Art von erotischer oder emotionaler Lust spüren läßt, die uns andere Menschen nicht spüren lassen ...

— Sí, lo ha dicho Usted muy bien. Amamos a una persona porque esa persona nos proporciona un grado o un tipo determinado de placer erótico y emocional que no nos proporcionan otras personas.

— Según eso sería posible amar en sentido estricto a diversas personas a la vez...

— Teóricamente sí.

— ¿Y prácticamente?

— En la práctica el asunto es muy complicado y propongo que dejemos este punto para otro día, pues hoy nos llevaría muy lejos. Wenn überhaupt. Es ist nämlich ein sehr weites Feld.

— Bien, se lo recordaré.

— Espero que olvide recordármelo.

— Pero bueno, lo que sí es teórica y prácticamente posible es tener a la vez diversos amigos y amigas.

— Sí, eso parece claro, aunque luego en la práctica haya amistades exclusivas y excluyentes, gente que no admite compartir la amistad con varias personas. Por cierto, no sé si se ha dado cuenta Usted de que *amigo* y *amistad* tienen la raíz de amar, mientras que la palabra *familia* viene de *famulus*, que significa siervo.

— Sí, sí, eso lo comentaba Usted no sé dónde. Recuerdo que me impresionó, porque eso desmitifica a la familia, al menos etimológicamente.

— Etimológicamente la familia no incluye eso que llamamos amor. Y de hecho la familia tuvo durante muchos siglos muy poco que ver con el amor: fue una unión pragmática.

— Pero hoy hemos avanzado en este punto...

— Supongo que sí, supongo que hoy hay más familias fundadas por amor que antes...

— ¿Pero cuánto dura ese amor?

— ¿Por qué lo pregunta?

— Porque quisiera saber qué opina Usted de aquello de que el matrimonio es la tumba del amor.

— Le responderé dándole a leer un diálogo que mantuve hace algún tiempo con mi amigo Karl. Será el capítulo siguiente.

— Ich bin gespannt.

Amor a largo plazo

(Heute unterhalte ich mich mit meinem Freund Karl.)

— Creo que tengo un tema para el libro que estás escribiendo sobre el arte de amar.

— ¿Un libro sobre el arte de amar? So hoch sind meine Ansprüche doch nicht.

— Wie du willst! Así que te diré que tengo un tema para tu nuevo libro.

— Und das Thema lautet?

— Abenteuer Gewöhnung.

— ¿La aventura de acostumbrarse? ¿De acostumbrarse a qué?

— A quién.

— Bueno, pues ¿a quién?

— Yo por ejemplo a mi mujer y mi mujer a mí.

— ¿Y eso es una aventura?

— Ja, das ist ein Abenteuer, denn ein Abenteuer beginnt, wenn ich mich bewußt einer Gefahr, einem Risiko aussetze.

— Una aventura comienza cuando yo me expongo conscientemente a un riesgo... Sí, sigue.

— Und wenn ich mich dazu entschließe, für eine unbestimmte Zeit mit einer Frau zu leben, mit einer Frau zu wohnen, setze ich mich der Gefahr aus, daß wir uns aneinander gewöhnen.

— Sí, si yo me decido a vivir y convivir con una mujer por un tiempo indeterminado, estoy corriendo el riesgo de que nos acostumbremos el uno al otro... Sí, eso está claro. Pero en eso de acostumbrarse no veo yo todavía riesgo ninguno. Que yo me acostumbre a mi mujer y ella se acostumbre a mí, no tiene nada de malo.

— Nein, es ist nichts Schlimmes dabei, pero implica un gran riesgo, el riesgo de la rutina.

— Sí, es verdad, la costumbre no anda muy lejos de la rutina. Y la rutina no anda lejos del desamor.

— Schön gesagt: Die Gewöhnung ist nicht weit weg von der Routine, und die Routine ist nicht weit weg von der Lieblosigkeit. Und trotzdem vertrete ich die These, daß wir uns an unsere Frauen und unsere Frauen sich an uns gewöhnen können, ohne daß wir deswegen der Routine verfallen.

— O sea que tú defiendes la tesis de que yo me puedo acostumbrar a mi mujer y mi mujer a mí sin que por eso caigamos en la rutina. ¿Tu tesis o tu experiencia?

— Es una tesis que yo formulo a partir de mi experiencia. Die These bzw. die Erfahrung, daß wir das Abenteuer der langfristigen Liebe, ja sogar der ehelichen Liebe, mit Erfolg bestehen können.

— O sea que tú, basándote en la experiencia, defiendes la tesis de que se puede llevar a buen término la aventura del amor a largo plazo, incluso del amor matrimonial... ¿Quieres que te diga lo que pienso yo?

— Aber dalli!

— Pues te diré que a mí eso me parece una cosa bastante obvia.

— Pero no me negarás que el amor a largo plazo y sobre todo el amor matrimonial tiene muy mala prensa.

— ¿Cómo te voy a negar algo tan evidente? Supongo que conocerás aquel dicho que dice que *la vida es corta y el matrimonio es largo*. Auf die Spitze getrieben podríamos decir que la opinión reinante es que el matrimonio es la tumba del amor: *Don't marry, be happy!*

— Sí conozco esos dichos y muchos otros. Mir fällt gerade ein böser Spruch von *Alfred Hitchcock* ein, leider nur sinngemäß, also auf Deutsch: «Die Heirat ist eine lebenslängliche Verurteilung, bei der man auf Grund schlechter Führung vorzeitig begnadigt werden kann.»

— Y a mí se me ocurre ahora aquel dicho de Oscar Wilde, leider nur auf Spanisch: «La bigamia es tener una mujer de más. La monogamia es lo mismo.»

— Ah, sí. Yo lo recuerdo en inglés: «Bigamy is having one wife too many. Monogamy is the same.»

— Eso es.

— Podríamos pasarnos horas enteras citando dichos, die an der Ehe kein gutes Haar lassen.

— Dichos que documentan la opinión reinante.

— Mi tesis y mi experiencia contradicen a esa opinión reinante. Meine These lautet, daß in der langfristigen Liebe, in der abgesegneten wie in der nicht abgesegneten, sehr wohl das Risiko der Routine steckt. Aber in ihr steckt genauso eine große Chance, die Chance nämlich, die Liebe immer mehr zu vertiefen.

— Sí, también yo pienso que el amor a largo plazo, esté o no esté bendecido o ratificado oficialmente, es decir sea matrimonial o no, además de implicar el riesgo de la rutina, implica una gran oportunidad, la oportunidad de profundizar cada vez más en el amor. Sí, mi experiencia confirma esa tesis.

— Me alegro.

— Bien es verdad que, a medida que mi mujer y yo vamos conociéndonos mejor, van desapareciendo una serie de fuentes de sorpresa...

— Eso es evidente. Der Überraschungsfaktor verliert mit der Zeit an Bedeutung. Und mit diesem Verlust wächst die Gefahr der Routine.

— Sí, el factor sorpresa juega un papel fundamental en las etapas primeras del amor. Y al ir disminuyendo el factor sorpresa, la relación amorosa corre el peligro de ir haciéndose rutinaria y de ir dejando de ser amor, para convertirse en desamor, una relación aburrida, dominada por el tedio,[12] ese tedio que se produce cuando ya no se espera novedad ni sorpresa alguna.

— En ese caso se puede decir abiertamente que el matrimonio es la tumba del amor.

— Y existe la variante violenta: lo que en un principio fue un amor lleno de sorpresas y descubrimientos, se va invirtiendo poco a poco, hasta convertirse, quizás por decepción, en odio, en odio abierto...

— ...o en odio reprimido.

— Sí, o en odio reprimido, pero al fin y al cabo en odio.

— Und ich meine, daß die langfristige Liebe eine so schlechte Presse hat, weil die Mehrheit meint, daß die langfristige Liebe, vor allem die Eheliebe, unvermeidlicherweise zum Überdruß, zur Langeweile, zur Routine, ja sogar zum Haß führe.

---

12   tedio – Ödnis

— ¿Crees tú que la opinión reinante es que el amor matrimonial desemboca indefectiblemente en el hastío[13] de la rutina o en el odio?

— O en una mezcla de los dos, en un odio hastiado o en un hastío odioso. Unvermeidlicherweise. Indefectiblemente.

— Yo no creo que la opinión reinante sea tan radical... Pero bueno, sigue.

— Pues bien, mi tesis es que el amor a largo plazo, matrimonial o no, al darnos la oportunidad de conocer y conocernos a fondo, nos da también la oportunidad de profundizar, in die Tiefe gehen.

— Unamuno describía eso diciendo que el muslo de su mujer, que al principio le excitaba, con el tiempo deja de excitarle, pero que llega un momento en que él está tan identificado con su mujer que, si a ella le amputasen una pierna, sería como si se la amputasen a él.[14]

— Sí, conozco ese pasaje, es de su novela *Niebla*. Pero no es exactamente eso lo que yo quiero decir. Sin negar lo que dice Unamuno, lo que yo quiero decir es que el amor a largo plazo, al darnos la oportunidad de profundizar, puede convertirse en fuente continua de novedad y de sorpresa. A mí me ocurre que, al cabo de muchos años de vivir y convivir con mi mujer, sus muslos o sus pechos o simplemente sus manos me proporcionan a veces un placer de una intensidad nueva, desconocida para mí cuando los dos éramos jóvenes y Anfänger.

— Primerizos.

— Sí, pero no quiero decir que fuéramos primerizos en el amor como tal, sino que éramos primerizos en nuestra propia relación. Déjame que te lo diga en alemán: Es gibt da ja ganz eindeutig einen Weg in die Tiefe, in kaum geahnte verliebte Aufregungen und großes Glück.

---

13   hastío – Überdruß, Langeweile. Existe también el verbo hastiar.

14   Miguel de Unamuno: *Niebla*, publicada por primera vez en 1914. Yo tengo una edición de Alianza Editorial, Madrid 1986. En esta edición, el texto a que me refiero aparece en la página 165. En realidad en este texto no habla Unamuno mismo sino Víctor, uno de sus personajes, quien se remite al poeta Campoamor, pero sin citarlo literalmente.

— Sí, yo te puedo confirmar por mi experiencia que, al cabo de más de treinta años de vivir y convivir con mi mujer, no recuerdo en nuestro amor una etapa tan llena de novedades y sorpresas como la que ahora estoy viviendo con ella.

— Aber natürlich haben begeisterte Ehemänner wie du und ich schlechte Presse.

— Ich glaube, man traut uns nicht.

— Oder man beneidet uns.

— Auch möglich.

— Nicht nur die 68er, die verfügten: Wer zweimal mit der- oder mit demselben pennt, gehört schon zum Establishment. Auch die gesamte europäische Tradition, wo immer man sie anschaut, steht gegen uns.

— Sí, bien, pero volvamos al castellano.

— Pues lo que te decía es que, para los de la generación del 68, quien se acostaba dos veces con la misma persona era un pequeño-burgués, un conservador, y hasta un retrógado. Aber jetzt mußt du mir wieder ein paar deutsche Sätze erlauben: Die wahre Liebe ist in Europa die nicht gelebte, die unmögliche oder, was auf dasselbe hinauskommt, die himmlische. Die Ehe dagegen ist Trott, Zwang, Langeweile, Unfreiheit.

— Ob es ganz stimmt, weiß ich nicht, aber du hast es sehr schön gesagt, so schön, daß ich versuchen will, es im Spanischen zu wiederholen: Tu piensas que en la tradición europea el amor verdadero es el amor frustrado, el amor imposible o, lo que viene a ser lo mismo, el amor celestial.[15] El matrimonio, en cambio, sería rutina, coacción, tedio, esclavitud.

— Y es comprensible. ¿Qué otra cosa se podía esperar si en las clases altas el matrimonio se contrahía únicamente por razones políticas o económicas?

— Pero las clases altas no eran más que una minoría...

---

15 Después de haber escrito y corregido todo esto, encuentro, sin buscarlo, el siguiente texto: «Eine gescheiterte, unmögliche Liebe dagegen ergibt edle Literatur.» André Gorz: Brief an D., Rotpunktverlag 2007.

— En las clases medias y bajas ocurría otro tanto. Und wir dürfen nicht vergessen, daß die Menschen in den unteren Schichten – zu allem Überfluß! – sehr jung starben.

— Sí, en las clases bajas la gente, para colmo, se moría muy joven... ¿Pero qué tiene que ver eso con nuestro tema?

— Que a los casados, cuando tenían la suerte de quererse, apenas les quedaba tiempo para disfrutar de su felicidad.

— Así que los ricos, al casarse, no pensaban en el amor, y los pobres, si pensaban en el amor, no tenían tiempo para disfrutarlo.

— So isses. Die Reichen heirateten nicht aus Liebe, und die anderen, wenn sie heirateten, hatten keine Zeit für die Liebe.

— En el matrimonio quedaba muy poco sitio para el amor.

— Genau: In der Ehe gab es sehr wenig Platz für die Liebe. Y es esta una experiencia de siglos que pesa mucho. Y así no tiene nada de extraño que aun hoy se siga pensando que el amor, el amor verdadero, das Liebesglück, es incompatible con el matrimonio. Die Erfahrung, daß einer mit einem Partner dreißig Jahre oder mehr zusammen ist, die ist als Massenerfahrung zu neu und unverdaut.

— So gesehen ...

— Vivir treinta años y más con su pareja era hasta hace poco una excepción. Esa experiencia, como experiencia de masas, es demasiado nueva, y por eso no está asimilada culturalmente. Así que no es de extrañar que la literatura no se haya dado aún por enterada de que en el matrimonio cabe el amor, oder?

— Du meinst, die Literatur hat noch nicht registriert, daß Ehe und Liebe kompatibel sind ...

— Das ungefähr meine ich.

— Pues francamente no sé qué decirte. Los matrimonios novelados o novelescos famosos que yo recuerdo así, sin pensar demasiado, son matrimonios frustrados, desgraciados e incluso francamente trágicos: Madame Bovary, Effi Briest, Anna Karenina, La Regenta, Sons and Lovers... Pero se me ocurre la leyenda de Filemón y Baucis, un canto al amor matrimonial: el amor de dos esposos ancianos es tan intenso y tan tierno que conmueve al mismísimo Zeus.

— Sí, es verdad. Lo había olvidado. Creo que un día habremos de leer juntos esa leyenda. Pero bien, no sabemos adónde nos llevaría esta pista literaria.

— Que se podría seguir indagando en el cine...

— Sí, podemos seguir esa pista en otra ocasión. A mí me interesa volver directamente a la pregunta de si el matrimonio es la tumba del amor o no.

— Resumiendo diría yo que el matrimonio es una aventura, es cierto, pero eso no quiere decir que tenga que acabar mal.

— Y hay aventuras matrimoniales que acaban muy bien.

— Sí, las hay. Y yo no veo por qué en la literatura y en el cine hayamos de dar prioridad a las aventuras matrimoniales que acaban mal.

— Supongo que te estás refiriendo a la literatura y al cine de calidad, porque la mala literatura y el cine de baja calidad están llenos de happy ends.

— Sí, pero tan mal tratados que el happy end viene casi a ser equivalente de cursi.

— Si, del amor cursi, del Kitsch en el amor habría mucho que hablar. Pero yo no quiero perder la pista que llevábamos, y era la pregunta de si el matrimonio es necesariamente la tumba del amor. Me alegra saber que tú también estás de acuerdo en que no, en que en el matrimonio, es decir en la pareja a largo plazo, puede desarrollarse un amor a largo plazo que se va refinando e intensificando con el tiempo. Mira qué bien lo expresa Antonio Muñoz Molina:

«El cuerpo de mi mujer me gustaba más porque ya llevaba doce años acariciándolo y conociéndolo, deseándolo con la hondura que sólo da el conocimiento, y también porque había albergado y parido a mi hijo, había sido ensanchado, ungido por una hermosa maternidad, nutrido de ricos flujos hormonales, de hilos de leche que se derramaban en gruesas gotas de los pezones cuando el niño se había saciado de mamar.» (Sefarad 277)

— Pero eso no ocurre así como así.

— ¿Qué quiere decir *así como así*?

— Einfach so, von selbst.

— Ah ja.

— Quiero decir que, aunque la suerte, das Glück, der Zufall juegue un papel muy importante en el éxito o en el fracaso del amor, el amor a largo plazo no es sólo cuestión de suerte.

— Moment! Laß mich kurz darüber nachdenken: «Das Glück, also der Zufall spielt eine große Rolle beim Gelingen oder Mißlingen der Liebe, was nicht bedeutet, daß die langfristige Liebe nur vom Zufall abhängig sei ...» Ja, schon! Mach weiter!

— De modo que me parece que Woody Allen, a quien admiro, simplifica el problema cuando dice que «sólo un feliz accidente puede lograr que dos personas que se aman logren encajar perfectamente las piezas para poder así disfrutar de él toda una vida».[16]

— Was stört dich an diesem Satz?

— La palabra «sólo». Porque, para que un amor se mantenga a largo plazo hace falta, sí, mucha suerte, pero no sólo suerte.

— Was meinst du genauer?

— Quiero decir que, para que el amor en la pareja no se vaya entumeciendo[17] con la rutina hasta convertirse en tedio o en desamor y hasta odio, hay que invertir mucho.

— Eso de invertir suena a economía, y el amor no se puede explicar en términos económicos.

— Und ob! Invertir, investieren, es un factor clave en el amor a largo plazo.

— ¿Pero tú no te refieres a invertir dinero?

— También dinero, pero no sólo ni sobre todo dinero. Tiempo, mucho tiempo para estar juntos.

— ¿Hablando?

— Hablando y callando. Callar juntos es casi tan importante como hablar juntos.

— Pues callemos un rato, porque llevamos ya demasiado tiempo hablando.

— Sí, callemos un buen rato.

---

16 El País, 18.09.04

17 entumecerse – lahm werden, erstarren

Mit Blindheit gesegnet?

— ¿Es ciego el amor?

— Eso dicen, que el amor es ciego.

— ¿Y Usted qué cree?

— Que el amor nos abre los ojos.

— Daß uns die Liebe die Augen öffnet? ¿Lo dice Usted en serio?

— Totalmente en serio.

— Goethe oder irgendein Großer aber soll gesagt haben, daß die Verliebten weder sehen noch riechen können.

— ¿Que los enamorados no tienen ni vista ni olfato?

— Sí, eso dicen...

— Pues que digan lo que quieran. Yo digo que nos enamoramos porque tenemos vista, oído y olfato.

— Ich bin gespannt, was Sie meinen.

— Quiero decir que todos nosotros, queramos que no, emitimos señales visuales, acústicas y olfativas.

— Eso parece claro. Wir senden unaufhörlich visuelle, akustische und olfatorische Signale aus.

— Y esas señales las perciben las personas en nuestro entorno.

— A no ser que les falte la vista, el oído, el olfato...

— Pero la mayor parte de las personas ven, oyen y huelen, unos mejor que otros, aber immerhin. Y como ven, oyen y huelen, perciben las señales que yo emito. Y esas señales les atraen o les repelen.

— O les dejan indiferentes.

— Sí, o les dejan indiferentes. Pero hay casos en que aquello que vemos, olemos u oímos de otra persona nos atrae...

— Y a veces nos atrae tanto, que quedamos fascinados.

— Tan fascinados que quisiéramos oler de cerca, oír de cerca, ver de cerca, tocar a esa persona.

— ¿Tocarla como se toca un instrumento?

— Tocarla como se toca un instrumento, arrancando músicas a ese cuerpo; oler de cerca ese cuerpo y quedar embrujado y aturdido por ese olor; ver de cerca ese cuerpo, ver de cerca esos ojos y esa piel, con sus superficies patentes y sus pliegues y sus rincones ocultos;

y besar esa piel, con sus superficies patentes y sus pliegues y sus rincones ocultos...

— Moment, Moment, Moment! Sie sind so sehr ins Schwärmen gekommen, daß ich nicht ganz folgen kann.

— Wo sind Sie hängen geblieben?

— Aturdido, superficies patentes, pliegues...

— Aturdido es betäubt, betört; superficies patentes sind offene, offenkundige, sichtbare Flächen; pliegues sind Falten.

— Gracias.

— De nada.

— Pero creo que sería mejor que intentáramos repetir todo el texto en alemán.

— Si Usted me ayuda...

— Le ayudo.

— Así que comencemos. «Tocarla como se toca un instrumento...» Da haben wir schon das Problem: Tocar es berühren y es spielen ... Was machen wir?

— Zum Beispiel: «Sie berühren, wie man ein Instrument spielt.»

— Aceptado. Sigamos: «arrancando músicas a ese cuerpo...»

— «Diesem Körper Melodien entreißend ...»

— Aceptado. Sigamos: «oler de cerca ese cuerpo y quedar embrujado y aturdido por ese olor». Déjeme que lo intente yo: «diesen Körper aus der Nähe beschnuppern, durch diesen Duft verhext, betäubt, betört ...»

— De acuerdo. Pero déjeme ahora seguir a mí. Dígame el texto.

— Gern. «...ver de cerca ese cuerpo, ver de cerca esos ojos y esa piel, con sus superficies patentes y sus pliegues y sus rincones ocultos y besar esa piel, con sus superficies patentes y sus pliegues y sus rincones ocultos.»

— «... diesen Körper aus der Nähe betrachten, diese Augen aus der Nähe sehen, diese Haut mit ihren sichtbaren Flächen und ihren verborgenen Winkeln anschauen und sie küssen – diese Haut mit ihren sichtbaren Flächen und ihren verborgenen Winkeln.»

— A mí me gusta su traducción.

— Y a mí no me disgusta.

— Noch einmal das Ganze.

— Voy a reconstruirlo: «Sie berühren, wie man ein Instrument spielt, diesem Körper Melodien entreißen; diesen Körper aus der Nähe beschnuppern, durch diesen Duft verhext, betäubt, betört ... Diesen Körper aus der Nähe betrachten, diese Augen aus der Nähe sehen, diese Haut mit ihren sichtbaren Flächen und ihren verborgenen Winkeln anschauen und sie küssen – diese Haut mit ihren sichtbaren Flächen und ihren verborgenen Winkeln.» Es decir, que nos ponemos en trance.

— Jawohl! Wir geraten in Trance. Das heißt, wir verlieben uns.

— Sí, eso quiere decir que nos enamoramos.

— Y al enamorarnos perdemos la objetividad.

— Sí y no.

— Así que el enamorado es ciego, que es lo que quería decir Goethe o el que fuera.

— Sí y no.

— Así que otro famoso, que puede que sea Nietzsche, tiene razón cuando dice, no sé dónde, que «el amor es un estado en el que el hombre ve decididamente las cosas como no son».

— Hombre, sí es cierto que, al principio, en la etapa del enamoramiento, el amor nos hace verlo todo de color de rosa. Al princino no vemos más que luces.

— Al principio no vemos las sombras.

— Al principio estamos embriagados.

— Jawohl, am Anfang sind wir liebestrunken.

— Al principio el amor nos traslada al paraíso.

— Jawohl, die Liebe versetzt uns am Anfang ins Paradies.

— Hasta que un día, sin saber cómo ni por qué, mordemos una manzana...

— Una manzana podrida...

— Ja, der Apfel ist knackig ... aber faul. La manzana está podrida. Y con el sabor a podrido nos despertamos de la embriaguez del amor primero...

— Wir erwachen aus der Trunkenheit des ersten Liebestaumels.

— Fuera del paraíso.

— Ja, wir erwachen draußen, jenseits von Eden.

— Y se nos abren los ojos y vamos descubriendo las sombras.

— Y vamos viendo otros colores, no sólo el rosa.

— Y vamos descubriendo quién y cómo es esa persona que amamos, en la vida diaria, fuera del paraíso.

— Y al descubrirlo algunos pierden el amor.

— Sí, pero también puede ocurrir lo contrario: que al descubrir cómo es de verdad mi amada, fuera del paraíso, se afiance mi amor por ella.

— ¿Afianzarse?

— Fester, stärker werden.

— Sí, puede afianzarse.

— Y al afianzarse mi amor por mi amada, ese amor me acerca cada vez más a ella... Y ella, por el amor, con el amor, en el amor se me abre cada vez más, se me muestra, se me manifiesta...

— Ja, sie öffnet sich, sie zeigt sich, sie offenbart sich ... zusehends.

— Así que, por amor mi amada se «desnuda» cada vez más, con lo cual yo puedo verla tal como es...

— Sí, un estriptís progresivo y prolongado... Und dann sehe ich um so besser ihre Macken ...

— Sí, tiene Usted razón. Cuanto más de cerca y más desnuda la veo, tanto mejor veo sus defectos.

— ¿Y qué hace Usted con los defectos de su amada? ¿Ignorarlos?

— Integrarlos.

— Sie einbauen?

— Sí, integrarlos en la totalidad de su persona, sabiendo que «nadie es perfecto...»

— A mí, a veces, incluso me ocurre que los defectos de mi amiga, cuando tengo una amiga, me alegran, me consuelan...

— ¿Por qué?

— Porque ya no soy yo el único que tiene defectos. Mein Soll und ihr Soll gleichen sich einigermaßen aus.

— Sí, el amor no es una relación comercial, pero conviene que mis defectos y los defectos de mi amada mantengan un cierto equilibrio.

— Bei aller Liebe muß man versuchen, nüchtern zu bleiben.

— Sí, por grande que sea nuestro amor, hay que intentar ser objetivo.

— Es decir, hay que mantener los ojos abiertos.

— Mi amor, el amor que yo siento por mi amada, me abre cada vez más los ojos.

— So gesehen ...

— Y mis ojos, ojos amantes, ojos amorosos, ven en mi amada, además de sus defectos más ocultos, sus bellezas más ocultas, cosas bellas que no ve quien no la mira como yo...

— Ich glaube, so weit war ich noch nie mit einer Frau, aber die Ansätze einer solchen Liebe kenne ich schon ...

— O sea que el amor no es ciego...

— Puede que no.

— O sea que el amor nos abre los ojos.

— Puede que sí.

Amor entre iguales

(En este capítulo mantengo una conversación con mi amigo Lutz)

— ¿Cuándo te diste cuenta de que eras schwul, homesexual o gay?

— Mir ist das mit zweiundzwanzig richtig klar geworden.

— Dices que con veintidós años te diste cuenta del todo de que eras homosexual. ¿Por qué dices *del todo*?

— Porque primero tuve la sospecha, y más tarde la certeza.

— ¿La sospecha?

— Sí, primero, con unos 19 años (konnten auch eher 16 oder 10 gewesen sein), empecé a preguntarme qué me ocurría.

— ¿Y qué te ocurría?

— Me ocurría que, con unos 14, 15, 16, 17 ... años empecé a darme cuenta de que yo reaccionaba ante las mujeres anders als die anderen, anders als die anderen Männer.

— Tú reaccionabas ante las mujeres de otro modo que los otros hombres... Es decir, tú no te sentías atraído por las mujeres.

— Sí, hubo una época en que yo hice un par de intentos, jugando un poquito al amor con un par de chicas. Pero aquello no me excitaba, me dejaba frío.

— ¿Y eso no te preocupaba?

— No, eso no me preocupaba, pues yo era aún muy joven y pensaba que möglicherweise ya llegaría el momento en que me interesaran las mujeres.

— ¿Y ese momento no llegó?

— No sólo no llegó ese momento, sino que llegó un momento en que comencé a interesarme por chicos, es decir por hombres. Tendría yo unos 20 años.

— ¿Y cómo reaccionaste?

— Empecé a preguntarme si no sería yo uno de esos que dicen homosexuales...

— ¿Y?

— Aquello fue un horror.

— Was war so schrecklich?

— Der Gedanke, dass ich womöglich zu den Homosexuellen gehörte.

— ¿O sea que tú no querías ser homosexual?

— Homosexuelle durften nicht vorkommen. Yo había aprendido que la homosexualidad era una perversión y sabía que la sociedad rechazaba a los homosexuales. De modo que me sentía profundamente desgraciado. Tan desgraciado que incluso anduve pensando en suicidarme.

— Und wie kamst Du raus?

— Tuve suerte, porque me tocó la época en que se empezó a discutir públicamente sobre temas que hasta entonces habían sido tabú.

— ¿Cuándo fue eso?

— A finales de los 60, comienzos de los 70.

— Ah si, fue la época en que se rompieron muchos tabús, tabús sociales, tabús políticos, tabús morales y tabús sexuales.

— Sí, tabús sexuales que eran a la vez tabús sociales, tabús morales e incluso tabús políticos. En aquel entonces era absolutamente impensable que un alcalde de Berlín se declarase públicamente *schwul*.

— Y más impensable aún era que la sociedad reaccionase con tranquilidad e incluso con comprensión ante un escándalo así.

— Sí, tuve suerte, porque el año 1968, el famoso año 1968, yo tenía 20 años, y estaba en plena crisis, la crisis en la que caí al darme cuenta de que era distinto, de que era homosexual.

— Y a salir de aquella crisis te ayudó el movimiento de 1968...

— Sí; pero la crisis no la superé plenamente hasta que tuve mi primer amor, mi primer amigo, mi primer amante.

— ¿Cuándo fue eso?

— Con 24 años, es decir el año 1972.

— ¿Y qué pasó?

— Que me enamoré de un hombre, que él se enamoró de mí, que hicimos el amor, es decir que nos hicimos amantes, und die Welt ging nicht zugrunde, sondern ganz im Gegenteil, meine Ängste vor dem Schwulsein verschwanden.

— O sea que, hiciste el amor con un hombre, con un amigo, con un amante, y, en lugar de hundirse el mundo, desaparecieron todos tus temores y tus reservas y tus prejuicios.

— Sí, fue una cura radical.

— En aquella época nos conocimos. Y yo recuerdo que tú fuiste el primer homosexual que conocí conscientemente, es decir, el primer homosexual de quien supe que era homosexual.

— Te lo dije yo.

— Sí, sí, me lo dijiste tú.

— Tú no lo habías notado por tí mismo.

— No, claro, yo no lo había notado, pues tú no respondes a la imagen típica del homosexual. Tú no eres lo que en España llamábamos un marica o un maricón.

— Tengo entendido que hoy ya en España no se habla de maricas y mucho menos de maricones.

— Oficialmente no, oficialmente se habla de homosexuales. Y los homosexuales se llaman a sí mismos *gays*. Del inglés.

— Marica, y sobre todo maricón, son nombres muy discriminatorios, muy agresivos y muy...

— Muy despectivos.

— Verächtlich?

— Sí, no sé si sabes tú que marica es un diminutivo de María y que, etimológicamente, equivale más o menos a Mariechen.

— Sí, al homosexual se le define muchas veces como a un hombre weiblich ...

— Afeminado, se dice o al menos se decía en España.

— Kein richtiger Mann.

— Exacto, el homosexual, el marica, es un hombre al que le falta virilidad. Y supongo que conoces la variante que dice *maricón*, que expresa un desprecio aún mayor, es una palabra mucho más agresiva.

— Sí, en eso el castellano es más duro que el alemán, donde, despectivamente, se hablaba de schwul.

— Sí, y yo recuerdo que tú y tus amigos, Du und Deine Mitkämpfer, os llamabais a vosotros mismos *Schwule*, cuando eso aún era un insulto.

45

— Sí, nosotros utilizamos la táctica de pasar a la ofensiva, de no escondernos, de no negarnos a nosotros mismos, de confrontar a la gente con nuestra homosexualidad... Y por eso nos apropiamos del insulto de schwul, que hoy es hoffähig.

— Sí, hoy la palabra schwul es una palabra admitida, una palabra presentable, e incluso normal y corriente y hasta decente. Pero volvamos a cuando tú y yo nos conocimos. Yo recuerdo que tú hablabas muy libremente de tu homosexualidad. Y sobre todo recuerdo que yo un día te pregunté: «Und was sagen Deine Eltern dazu?» ¿Y sabes lo que tú me contestaste?

— No, no lo sé.

— Tú me contestaste: «Die lieben mich ja.» Ich war verblüfft und vor allem gerührt.

— Ja, meine Eltern liebten mich, es waren wunderbare Eltern.

— ¿Cuándo se lo dijiste a ellos?

— Primero se lo dije a mi hermano.

— ¿Y cómo reaccionó tu hermano?

— Er betonte seine Zärtlichkeit zu mir, vor allem in der Öffentlichkeit.

— ¿Se hizo más tierno contigo? ¿Era también homosexual?

— No, no, mi hermano no era ni es homosexual. Yo creo que su ternura era una señal de solidaridad.

— ¿Y tus padres?

— Primero se lo dije a mi madre. Y ella me hizo muchas preguntas. Quería saber más exactamente qué es eso de ser homosexual. Todo con mucho cariño.

— ¿Y tu padre?

— A mi padre, de momento no se lo contamos, porque había tenido un infarto. Pero él se enteró por un amigo suyo que me había oído hablar en la radio, en una entrevista sobre la homosexualidad.

— ¿Y cómo reaccionó?

— «Was immer du tust, ich stehe immer zu dir.»

— ¿Eso te dijo?

— Eso me dijo.

— Tú has tenido mucha suerte con tus padres.

— Sí, ya lo sé.

— Si mal no recuerdo, tú hiciste la mili.

— Sí, yo estuve en la Bundeswehr de los 19 a los 21 años.

— Y llegaste a ser oficial...

— Sí, ich verließ die Bundeswehr als Leutnant.

— Para un homosexual, una carrera muy interesante. No resulta fácil decir que te falta virilidad...

— Willst Du mich auslachen?

— No, no me río de ti. Me divierte la idea de verte de uniforme, con una pistola y dando órdenes a los soldados...

— Unos años después renuncié a mi título de teniente. Ich verweigerte.

— Sí, lo sé; dejaste tu cargo de teniente por objeción de conciencia.

— Aber das ist eine andere Baustelle.

— Sí, eso es harina de otro costal. Así que volvamos a lo nuestro. Y lo nuestro es que, cuando tú y yo nos conocimos, que debió de ser el año 1974, tú eras un homosexual militante, ein militanter Schwuler.

— Sí, era miembro de una asociación de homosexuales, miembro muy activo. Ich machte sehr viel Öffentlichkeitsarbeit.

— Es decir, que trabajabas mucho divulgando vuestras ideas, en la radio, en la prensa...

— Y en el teatro. Recuerda que estuve algún tiempo haciendo teatro con un grupo schwul de Hamburg, que se llamaba *Brühwarm*. Allí conocí a Rio Reiser.

— ¿Al famoso Rio Reiser?

— Claro, ¿a quién si no?

— *Brühwarm* es una alusión a schwul, es decir a schwül, oder?

— Sí, claro. Y recuerda que antes se nos llamaba *warme Brüder*.

— Pero bueno, por el momento ya vale de biografía. Déjame ahora que te haga algunas preguntas.

— Tú dirás.

— Con la primera pregunta te vas a enfadar. ¿Me prometes no enfadarte?

— Lo intentaré. Así que pregunta.

— ¿Cuál es según tú el origen de la homosexualidad?

— Eine blöde Frage. Es una pregunta estúpida.

—¿Ves? Ya te has enfadado. Dime por qué es una pregunta estúpida.

— Porque yo tampoco te pregunto a ti cuál es el origen de la heterosexualidad. De modo que, si tú me preguntas a mí cuál es el origen de la homosexualidad, estás suponiendo que la homosexualidad es una anomalía, eine Fehlentwicklung.

— Hombre, estadísticamente sois una minoría.

— ¿Y eso qué importa? El que seamos una minoría no quiere decir que seamos anormales. Aunque es cierto, claro, que nos salimos de la norma, de la norma estadística.

— Y de la norma moral...

— ¿Quieres provocarme?

— Sí, un poco sí. Quiero que hables muy claro.

— Tú sabes qué valor tiene la moral tradicional, sobre todo la moral sexual tradicional. Tú sabes que en la moral sexual tradicional la homosexualidad es un pecado, un vicio, una perversión, y en el mejor de los casos una desviación...

— Sí, en la moral tradicional supone ya un gran progreso el decir que la homosexualidad es una enfermedad.

— Und das steckt dahinter, wenn jemand fragt, wo die Homosexualität herkomme. Wenn sie genetischer Natur ist, kann man nichts dagegen tun. Wenn sie aber ihren Ursprung in der jeweiligen Biographie hat, dann ist sie womöglich zu heilen.

— ¿Y tú qué piensas de esa disyuntiva?

— Dime primero lo que piensas tú.

— Pues te diré que yo, durante mucho tiempo, pensé que hay dos tipos de homosexualidad: la innata y la adquirida. La innata se debería a las hormonas y la adquirida se debería a diversas circunstancias e incluso a accidentes ocurridos durante la infancia y la juventud.

— ¿O sea que la homosexualidad innata sería una enfermedad incurable y la adquirida sería una enfermedad curable?

— Hombre, si te he de ser sincero sí te diré que yo, durante algún tiempo, pensé que la homosexualidad era una anomalía, una especie de enfermedad, y que haríamos un favor a los homosexuales ayudándoles a hacerse normales, es decir heterosexuales.

— Muy amable.

— Sí, has de reconocer que quien tiene esas ideas es muy amable, si lo comparas con quienes piensan que es una perversión, un vicio, un pecado, un delito... Recuerda que durante siglos en Europa se castigaba al homosexual con la pena de muerte. Y recuerda que aun hoy hay países donde se le sigue castigando con la pena de muerte, en Irán por ejemplo.

— Sí, lo sé, pero no esperes que yo te elogie por el hecho de que tú pensases que es una enfermedad.

— No, no espero que me elogies, ni siquiera por el hecho de que hoy haya superado esas ideas.

— ¿Y qué piensas hoy?

— Hoy pienso que todos somos animales sexuados o sexuales y que hay diversas formas de ejercitar o practicar esa sexualidad. La forma estándar es la heterosexual, mientras que la homosexual es minoritaria.

— ¿Eso piensas tú?

— Sí, me parece un hecho que la mayoría practica una sexualidad que se hace entre hombre y mujer.

— ¿Y dónde queda la masturbación, mejor dicho la sexualidad autoerótica?

— Ah, sí, claro. Supongo que también la sexualidad autoerótica es mayoritaria.

— Sí, yo también lo supongo.

— Y una minoría practica una sexualidad que se hace entre hombre y hombre o entre mujer y mujer.

— Supongo que también eso es un hecho.

— Y hay hombres que practican la sexualidad con hombres y también con mujeres, así como hay mujeres que practican la sexualidad con mujeres y también con hombres.

— También esto es un hecho.

— Ahora bien, yo me pregunto: «¿A qué se debe el que unos practiquen una forma de sexualidad y otros otra?»

— Y también tendrías que preguntarte por qué hay personas que practican a la vez varias formas distintas de sexualidad.

— Sí, también eso me lo pregunto.

— ¿Y a qué conclusión llegas?

— Llego a formular la hipótesis siguiente: Todos y todas tenemos una naturaleza sexual o sexuada. Y en principio todos y todas somos capaces de practicar las diversas formas de sexualidad, si bien unos están más inclinados a unas formas que a otras.

— ¿Y de qué depende esa inclinación?

— De diversos factores.

— Que son...

— Que pueden ser las hormonas; que pueden ser las experiencias, no sólo las experiencias infantiles; que pueden ser las ocasiones, la educación recibida, el ambiente familiar...

— O sea que de esos diversos factores – Hormone, Erfahrungen, Gelegenheiten – depende según tú el que nos comportemos homosexual o heterosexualmente...

— Ni más ni menos.

— O sea que, siguiendo tu argumentación, en la vida de cada cual puede haber diversas etapas en el comportamiento sexual...

— Sí, supongo que sí. Mejor dicho, lo sé, porque yo tengo amigos que han tenido una etapa homo y ahora tienen una etapa hétero.

— Y supongo que también conocerás a alguien que practica diversas formas de sexualidad.

— Y supones bien.

— ¿Quieres que te dé mi opinión acerca de tu hipótesis?

— Ich bitte darum.

— Pues te diré que tu hipótesis me parece muy aceptable.

— Me alegro. Así que ahora me vas a permitir que te haga otra pregunta.

— ¿Otra pregunta estúpida?

— Espero que no, pero uno nunca sabe.

— Pues pregunta lo que quieras.

— Tú hasta ahora no has practicado nunca una sexualidad hétero, ¿verdad?

— Ya te dije que en mi juventud hice un par de intentos.

— Intentos fallidos.

— ¿Was bedeutet fallidos?

— Fehlgeschlagen.

— Sí, en mi juventud hice un par de intentos de hacer algo con mujeres, pero fueron intentos fallidos.

— ¿Y no has vuelto a intentarlo?

— ¿Por qué habría de intentarlo?

— Das ist es eben. Deswegen will ich dich fragen: ¿Nunca te has sentido atraído por una mujer? O dicho de otra manera: Cuando tú ves a una mujer fenomenal, una mujer despampanante,[18] ¿no sientes nada?

— ¿Y tú? ¿Tú nunca te has sentido atraído por un hombre? O dicho de otra manera: Cuando tú ves a un hombre fenomenal, un hombre despampanante, ¿no sientes nada?

— ¡Hombre! Hay hombres que me agradan, que me gustan como compañeros, como interlocutores, como amigos; hay hombres que me gusta tener cerca, a los que abrazo cuando les veo, porque me alegra verlos... Pero sexualmente no me atraen.

— ¿Ves? Pues eso mismo me ocurre a mí con las mujeres.

— No me queda más remedio que creértelo.

— Pues creémelo.

— Otra pregunta: Tengo entendido que entre los gays se da una mayor promiscuidad que entre los héteros. ¿Es cierto eso?

— Sí, parece que sí. O dicho de otro modo: parece claro que los gays son menos monógamos que los héteros.

— Es decir menos fieles...

— Eso es otro asunto. Porque eso de la fidelidad es un concepto muy... schillernd.

— Muy vidrioso.

---

18 *despampanante – atemberaubend.* Es, según la Academia, sinónimo de «pasmoso, llamativo, que deja atónito por su buena presencia u otras cualidades». Yo tengo la sospecha de que despampanante es una mujer tan atractiva que, con sólo verla, se nos quita el pámpano. Was das soll? Recuerden que el Feigenblatt es en España un Weinblatt, es decir un pámpano. Y ese pámpano se nos quita cuando se nos levanta lo que estaba oculto por un pámpano...

— Sí, es un concepto muy relativo. Lo que sí parece claro es que los gays cambian más de pareja.

— ¿Y sabes tú a qué se deberá eso?

— Yo no lo sé, pero tengo una teoría.

— ¿Que sería?

— Yo tengo la teoría que los gays tenemos más libertad interna y externa para cambiar de pareja.

— Un momento. ¿Qué quieres decir con eso?

— Quiero decir que los héteros, al practicar una sexualidad permitida, están sujetos a normas. Ihre Sexualität und somit ihre Liebe unterliegt einem Haufen von Geboten und Verboten.

— Es decir, que la sexualidad y el amor de los héteros está sujeta a un montón de preceptos y prohibiciones.

— Ihre Sexualität ist geregelt. La sexualidad de los héteros es una sexualidad regulada por la moral y por las leyes. En cambio la sexualidad homo, al estar o haber estado simplemente prohibida, no está regulada ni por normas morales ni por leyes.

— Así que tiene sus ventajas el llevar una vida prohibida.

— Sozusagen. Yo por ejemplo no echo en falta la vida en pareja. Lo cual no quiere decir que yo no busque el amor. Yo busco el amor. No me basta el sexo. A mí no me va el sexo sin amor. Pero el amor no tiene que ser necesariamente monógamo ni a largo plazo. En eso creo yo que los gays tenemos más libertad que los héteros.

— Sí, por lo que dices parece que sí. Pero puede que eso también se deba al hecho de que el amor homosexual no produce hijos. Y es un hecho que los hijos atan mucho a la pareja hétero.

— Sí, eso es evidente.

— Y ya que hablamos de los hijos, permíteme otra pregunta que en este caso estoy seguro de que no te parecerá estúpida.

— Bin gespannt.

— Los hijos. Tener hijos. ¿No te gustaría tener hijos?

— Sí, me gustaría mucho.

— Puedes adoptarlos.

— No, no me bastaría con adoptarlos. Me gustaría tener hijos propios, verlos crecer junto a mí, darles lo mejor de mí mismo, acompañarles... Pero... C´est la vie.

— Hoy día hay medios y métodos para tener hijos sin necesidad de acostarse con una mujer.

— Sí, hoy día sí. Pero antes no había esos medios y métodos.

— Otra pregunta: ¿No te has encontrado nunca con una mujer que no aceptaba tu homosexualidad?

— ¿Qué quieres decir?

— Que si no ha habido en tu vida ninguna mujer que estuviera tan enamorada de ti que quisiera obligarte a acostarte con ella.

— Nein, bisher hat keine Frau versucht, mich zu bekehren ...

— O sea que ninguna mujer hasta ahora ha intentado convertirte...

— Exacto. Lo que sí hubo fue una mujer que se interesaba por mí y se llevó una desilusión enorme cuando le dije que era gay.

— Sí, me lo imagino.

— ¿Otra pregunta?

— ¿Otra pregunta imbécil?

— Veremos.

— Pues allá va. ¿Es cierto que los gays se dividen en dos: los gays activos y los gays pasivos, es decir los que, al hacer el amor, juegan un papel masculino y los que hacen un papel femenino? O dicho más a lo bruto: ¿Es cierto que a unos les gusta penetrar y a otros ser penetrados?

— ¿Y de dónde has sacado tú esa estupidez?

— Lo he oído no sé de quién y hasta lo he leído no sé dónde.

— ¿Y tú te crees esas majaderías[19]?

— ¿O sea que no es cierto?

— Es cierto que entre los gays, lo mismo que entre los héteros, los hay más y menos activos, más y menos pasivos. Pero no es cierto que unos gays sean por principio «masculinos» y otros «femeninos».

— O sea que entre los gays, lo mismo que entre los héteros, hay una gran variedad de individuos, vamos.

— Y no sólo eso. El mismo individuo, tanto homo como hétero, se comporta de modo distinto, es decir, es más activo o más pasivo según con quién haga el amor.

---

19   Unsinn, Blödsinn

— Está bien. ¿Me permites que vuelva un poco atrás?

— Todo lo atrás que tú quieras.

— En algún momento me dijiste que entre los gays hay más libertad que entre los héteros. Eso se puede entender también en el sentido de que entre los gays hay mayor movilidad, es decir que los gays cambian de pareja más a menudo que los héteros. Y eso puede tener sus ventajas, como tú decías. Pero una desventaja muy grande es, supongo yo, que los gays sufrirán del mal de amores más a menudo que los héteros.

— El mal de amores, der Liebeskummer, es sin duda más frecuente entre nosotros que entre vosotros. Y por eso yo practico un autocontrol muy exigente.

— ¿En qué sentido?

— Indem ich sehr konsequent meine Verliebtheit steuere, um eben unnötigen Liebeskummer zu vermeiden.

— ¿Por ejemplo?

— Por ejemplo para evitar caer en la trampa que supondría enamorarme de un hombre que resulte ser hétero.

— Entiendo. Pero un hétero hará también bien en controlar sus amores y amoríos.

— Sí, claro. El amor es muy bello, pero el mal de amores es muy doloroso.

— Sí, es verdad, del mal de amores podríamos hablar mucho. ¿Pero me permites dar un salto?

— Springe nur!

— Es gibt eine Tatsache, die uns hellhörig machen sollte.

— Und das wäre?

— Cuanto más democrático es un sistema, tanto más admite y respeta la homosexualidad.

— Ja, das ist eine Tatsache: Je demokratischer ein System, desto toleranter ist es gegenüber der Homosexualität.

— Sí, ese es un hecho. Y cuanto más religioso es un sistema, tanto menos democrático y consiguientemente tanto menos tolerante es con la homosexualidad. También este es un hecho.

— Auch das ist eineTatsache: Je religiöser ein System, desto undemokratischer und konsequenterweise desto intoleranter gegenüber der Homosexualität. Hasta el extremo de castigar al homosexual con la pena de muerte. Es extraño, ¿verdad?

— La razón que dan es que la homosexualidad es una perversión, una práctica antinatural, y que el homosexual, por lo tanto, es un peligro público. Dicho en lenguaje religioso: el homosexual contradice gravemente la ley de Dios, pues Dios, según esa lógica religiosa, ha puesto la sexualidad para producir hijos, y la sexualidad homoerótica, por principio, no puede producir hijos.

— ¿Y por qué un gay será un peligro público?

— Posiblemente porque no respeta la diferencia entre hombre y mujer, entre macho y hembra.

— Sí, claro, en esa diferencia se basan nuestros sistemas, tanto más cuanto más patriarcales. Wo kämen wir hin, wenn die Frauen keine richtigen Frauen und die Männer keine richtigen Männer wären?

— Sí, ¿adónde íbamos a parar si los hombres no fueran machos y las mujeres no fueran hembras? Reinaría la anarquía.

— Pero ahora soy yo quien quiere dar un salto.

— Springe nur!

— Yo me pregunto por qué la homosexualidad masculina se perseguía y se sigue persiguiendo con más dureza que la femenina.

— Con tanta dureza que bien se podría decir que se persigue con saña.

— Explícame primero qué significa la palabra saña.

— No es nada fácil. Te diré cómo lo define la Academia: 1. Furor, enojo ciego. 2. Intención rencorosa y cruel.

— Also Wut, Raserei, Grausamkeit, Erbitterung, Ingrimm ...

— Ja und nein. Hacer algo con saña es hacerlo con crueldad pero con un cierto placer, es algo así como sich austoben beim Bestrafen oder beim Verletzen. Existe también el verbo ensañarse, ensañarse con alguien.

— Así que podemos preguntarnos por qué tantas personas y tantos sistemas se ensañan sobre todo con los gays.

— Quizás porque los gays desperdician algo tan valioso como el semen del hombre...

— In der Tat vergeuden wir Schwulen den wertvollen Samen ... Unverantwortlich!

— Sí, es un derroche, una falta de responsabilidad: los gays no derramáis vuestro semen para producir hijos, sino sólo para producir placer.

— Además los gays nos negamos a ejercer el derecho fundamental de los machos, que es el derecho de penetrar a las mujeres.

— Dicen también que los gays despertáis en el macho un miedo secreto: el miedo a no ser tan macho como cree ser, el miedo a que el gay despierte en él una tendencia oculta a hacer el amor con hombres. Mi amigo Ebbe tiene una teoría un poco distinta. Mi amigo Ebbe, que trabaja de socorrista, es decir de Bademeister en una piscina, oye muchas conversaciones de hombres en las duchas o en las cabinas.

— ¿Y?

— Y me dice que ha llegado a la conclusión de que la razón principal por la que los héteros se sienten amenazados por los homos es porque tienen miedo a ser violados por ellos.

— Un miedo que quizás responda a un deseo oculto.

— Sí, puede ser.

— Was kann sein?

— Es kann sein, dass die Heteros Angst davor haben, von einem Homo vergewaltigt zu werden, und es kann sein, dass diese Angst einem verborgenen Wunsch entspricht. Pero volvamos al terreno de los hechos, porque esto que acabamos de decir es una hipótesis.

— Y parece ser un hecho que las lesbianas no despiertan esos miedos en los machos. Und deswegen werden oder wurden sie nicht so streng verfolgt.

— Bien, podríamos seguir indagando y especulando por ese camino, pero creo que por el momento nos basta. Pero, antes de terminar, quisiera yo tocar el tema de la legalización de las parejas homosexuales, tanto gays como lesbianas.

— A mí, personalmente, ese tema no me interesa. Ya te he dicho que a mí no me interesa vivir en pareja.

— Pero ¿qué opinas tú acerca de esa reivindicación?

— Yo opino que, si una pareja homosexual quiere legalizar su relación, debe dársele la posibilidad de legalizarla. Aunque a mí eso no me interese, sé que hay parejas homosexuales que quieren tener los mismos derechos que las parejas heterosexuales, por ejemplo en cuestiones de la renta, del seguro de enfermedad, de la herencia... Y no veo por qué no se les haya de reconocer los derechos que se les reconocen a las parejas heterosexuales. Wobei es mir wurscht ist, ob solche Paare sich Ehe nennen dürfen oder nicht.

— Sí, en castellano este asunto de si esas parejas se llaman Ehe o no es más problemático que en alemán, pues, como tú muy bien sabes, Ehe en castellano se dice matrimonio, y matrimonio, etimológicamente, tiene que ver con madre, y una mujer no es madre si no tiene hijos...

— Pero bueno, eso es un problema de nomenclatura. Lo importante es que a los gays y a las lesbianas se les den los derechos que se les dan a las parejas de hombre y mujer.

— ¿Incluso el derecho de formar una familia adoptando niños?

— ¿Y por qué no?

— Porque dicen que las parejas homo son menos duraderas que las parejas hétero. Y tú mismo has insinuado algo parecido.

— Sí, yo me refería a parejas homo sin hijos. Habrá que ver cómo se comportan teniendo hijos. Pero aunque las parejas homo fueran menos duraderas, es un hecho que las parejas hétero son cada vez menos duraderas, así que habría que ir pensando en prohibirles hacer hijos...

— Hombre, no te pongas así.

— Es que los héteros a veces decís cosas...

— ¿Por ejemplo?

— Por ejemplo cuando decís que la pareja homo no debe adoptar hijos porque en esa familia falta uno de los elementos, el masculino o el femenino, fundamentales para la educación de la persona.

— De hecho falta uno de los dos elementos.

— ¿Entonces qué hacemos con los divorciados y las divorciadas, con las madres solteras, con los viudos y las viudas? ¿Les quitamos a los hijos y se los damos a familias con padre y madre?

— Bueno, ya veo que, a pesar de toda tu serenidad, que raya en el estoicismo, he conseguido provocarte. Es un placer.

— Ganz meinerseits.

— Um so besser. So darf ich dich fragen, ob du, als alter Kämpfer, mit dem zufrieden bist, was die Schwulen bisher erreicht haben. Y como quiero que me respondas en castellano, te repetiré la pregunta en castellano: Tú, que eres un veterano de las luchas gays, ¿estás contento con lo que habéis conseguido?

— ¿Contento? Contento no estoy. Me alegra lo que hemos conseguido y me entristece lo mucho que queda por conseguir. Y me refiero ahora a lo que queda por conseguir aquí, entre nosotros, porque si pensamos en cómo se trata a los homosexuales en Polonia, en Irán, en Sudamérica... dan ganas de llorar. Pero incluso entre nosotros, a pesar de todos los progresos, para muchos sigue siendo muy, muy difícil ser homosexuales. Créemelo.

— Te lo creo.

— Algunos detalles: en la Bundesliga no se admiten futbolistas gays; en el clero tampoco hay lugar para los gays. En el colegio, por ejemplo, se les hace la vida imposible, aunque por otra parte sé que hay padres con muchos cojones que forman iniciativas del tipo de «Eltern schwuler Schüler».

— No sabía yo que hubiera iniciativas de «padres de alumnos gays». ¿Y qué hacen esos padres?

— Apoyan a sus hijos gays, hablando, por ejemplo, con los profesores y los alumnos. Pero, a fin de cuentas, en las ciudades pequeñas, en los pueblos, fuera de las grandes ciudades, los homosexuales se ven obligados a llevar una doble vida. Das tut weh und verformt.

— Sí, me lo imagino. Llevar una doble vida es muy doloroso y a la larga deforma la personalidad.

— En esas condiciones es casi imposible que los gays admitan que lo son y reconozcan que otros también lo son. ¿Cómo van a llevar una vida hasta cierto punto coherente?

— Está claro que hay diferencias entre diversos países y culturas. Y está claro que entre nosotros se han dado notables progresos. Pero está también claro que, desde hace siglos, desde hace milenios, a la sociedad le cuesta aceptar la homosexualidad.

— Ya comentamos antes que parece ser que los homosexuales somos para los héteros una amenaza e incluso una provocación. Por lo visto somos poco masculinos. Pero yo me pregunto: ¿Por qué es poco masculino un hombre que ama a otro hombre? ¿Y por qué es una amenaza un hombre poco masculino? Cuando los héteros hayan aclarado estas cuestiones, tendremos los homos tiempo y calma para reconocernos como somos y solucionar nuestros propios problemas.

— Podríamos terminar así nuestra charla. Pero déjame que, para terminar, te diga que para mí tú no eres una amenaza.

— Sí, ya lo sé. Und das ist gut so.

Amor monógamo

— Hoy quisiera hablar con Usted sobre la pareja monógama. Pero no vamos a discutir sobre si la monogamia es o no es una cosa natural.

— ¿Y por qué no?

— Porque nos meteríamos en un callejón sin salida.

— Warum in eine Sackgasse?

— Porque no es posible deslindar...

— ¿Deslindar?

— Deslindar viene de *linde*, que viene a significar frontera. Así que deslindar es marcar las fronteras, es decir, describir las diferencias entre varios conceptos...

— Auseinander halten also.

— Sí, auseinander halten oder auseinander klamüsern, como le gusta decir a mi mujer.

— ¿Y qué es lo que no es posible deslindar?

— Yo opino que es imposible deslindar qué tienen de natural y qué tienen de cultural los diversos modelos de convivencia entre machos y hembras.

— En nuestro ámbito cultural se considera natural el modelo monógamo, lo que llamamos matrimonio.

— Sí, oficialmente.

— ¿Qué quiere Usted decir con oficialmente?

— Que en la práctica la pareja monógama no suele ser tan monógama como parece o como oficialmente debiera.

— Sí, eso es claro.

— De modo que, en nuestro ámbito cultural, aunque los matrimonios sean oficialmente monógamos, no es raro que se practique una poligamia de hecho. Sobre todo por parte de los hombres...

— Und die Frauen sind auch keine Unschuldsengel. Oder wie Sie mal sagten: las mujeres no se chupan el dedo.

— Sí, eso dicen.

— Pero bueno, yo me pregunto si el modelo monógamo, sea natural o no, es un modelo practicable y por tanto recomendable.

— ¿Y Usted mismo qué cree?

— Yo no estoy casado ni he vivido nunca por largo tiempo una relación de pareja. Así que no puedo hablar por propia experiencia.
— Pero Usted ha conocido y conoce muchas parejas...
— Algunas.
— ¿Y qué impresión tiene Usted de la vida en pareja? ¿Cree Usted que las parejas que Usted conoce llevan una vida monógama?
— De algunas sé que no, que no llevan una vida monógama. De otras lo supongo. Y de unas pocas supongo que llevan una vida monógama.
— ¿En concreto?
— En concreto sé que varios maridos que yo conozco tienen o han tenido una querida. So heißt die Geliebte, oder?
— Sí, querida.
— Una querida es practicamente una segunda mujer, oder?
— Nicht ganz. Una querida puede ser querida por más o menos tiempo. Pero hay queridas que sí, que de hecho son una segunda mujer.
— ¿Una concubina?
— Sí, una concubina.
— Pero una concubina es un lujo...
— Sí, claro, Usted y yo no tendríamos dinero para financiar dos mujeres...
— Lo que sí podríamos financiar es ir de vez en cuando a un burdel.
— Eso se llama irse de putas. Usted y yo tenemos suficiente dinero como para irnos de putas de vez en cuando.
— Pero hoy en día, con la libertad sexual que han ganado las mujeres con la píldora, no nos sería muy difícil tener de vez en cuando una aventura con una mujer, casada o no.
— A Usted no le sería muy difícil. A mí sí.
— ¿Por qué?
— Porque a mi edad es más fácil ser radicalmente monógamo que accidentalmente polígamo. Dicho en alemán: In meinem Alter ist es leichter, durch und durch monogam als gelegentlich poligam zu sein. Ya se pasaron los tiempos en que a alguien como a mí le hubiera sido relativamente fácil pecar contra la monogamia...

61

— Sie sehen noch einigermaßen gut aus ...

— Einigermaßen! Was Sie nicht sagen! A mi edad no soy capaz de seducir a nadie, y a nadie le interesa seducirme a mí.

— So, so. Sie sind unfähig, jemanden zu verführen, und niemand ist daran interessiert, Sie zu verführen ...

— So isses. De modo que soy un individuo de lo más apropiado para el matrimonio monógamo o para la vida en pareja.

— ¿O sea que antes no era Usted un individuo apropiado para la vida en pareja?

— Yo creo que de por sí nadie es apropiado para la vida en pareja exclusivamente monógama.

— ¿Qué dice Usted?

— Lo que oye.

— O sea que Usted cree que ninguna pareja lleva una vida totalmente monógama.

— No, no, yo no digo eso. Yo digo que nadie es apropiado para una vida totalmente monógama. Y sin embargo estoy convencido de que hay parejas que llevan una vida exclusivamente monógama.

— ¿Por razones morales?

— Por razones morales o también por razones puramente pragmáticas.

— ¿Por ejemplo?

— Por ejemplo porque no quieren complicarse la vida.

— ¿Más en concreto?

— Más en concreto porque saben cómo se complica la convivencia cuando uno de los dos tiene una querida o un querido, aunque no sea más que una aventura pasajera...

— La monogamia es un modelo muy difícil de convivencia. Por eso no es de extrañar que tantas veces no funcione.

— Sí, natural o no, la monogamia es un modelo muy difícil de convivencia.

— ¿Más difícil que la poligamia?

— No lo sé ni me interesa. Lo que sí sé es que la vida en pareja no es nada fácil. Así que, como decía Usted, no es extraño que muchas parejas no funcionen.

— ¿Qué hace falta, según Usted, para que funcione una pareja?

— Meiner Meinung nach?

— Sí, según Usted?

— ¿Según yo?

— Sí, según Usted.

— ¿O sea que Usted quiere saber qué hace falta, según yo, para que una pareja funcione?

— Sí, ich möchte gerne wissen, was Ihrer Meinung nach notwendig ist, damit eine Liebespartnerschaft funktioniert.

— Wenn es sein muß, le diré que lo primero que hace falta para que una pareja funcione es que se quieran.

— Daß sie sich lieben?

— Sí, que los dos se quieran.

— Eine Platitüde.

— ¿Una perogrullada?

— Sí, una perogrullada. Eine Selbstverständlichkeit.

— Und? Ya comentamos en alguna ocasión que a veces no hay cosa menos selbstverständlich que una Selbstverständlichkeit.

— ¿Y en castellano?

— Que a veces no hay cosas menos obvias que las cosas obvias. De modo que insisto en que lo primero que hace falta para que una pareja funcione es que los dos se quieran.

— Que se quieran... Eso es muy general.

— En concreto quiero decir que es necesario, para que una pareja funcione, que los dos sientan un gran cariño.

— Pero no basta que lo sientan...

— No, no basta que lo sientan. Ni basta con que se digan de vez en cuando: «Te quiero.» Sino que practiquen ese cariño.

— Haciendo el amor, claro.

— Sí, haciendo el amor en sus diversas formas.

— Que son...

— Que van desde la palabra cariñosa, el detalle fino, la caricia pasajera, las caricias continuadas, las caricias encendidas, hasta el coito más pleno. Ya le he comentado alguna vez que no entiendo que un hombre y una mujer que se quieren duerman separados en camas partidas por la mitad e incluso en camas distintas.

— Así que Usted cree que la cama que Ustedes los españoles llaman cama de matrimonio y que nosostros los alemanes llamamos *französisches Bett* contribuye a que la vida en pareja funcione...

— Siempre y cuando la pareja duerma junta por cariño, por gusto, por placer y no por obligación.

— Bien. Hasta ahora estoy de acuerdo. ¿Y lo segundo?

— ¿Lo segundo qué?

— Lo segundo que hace falta, según Usted, para que funcione una pareja.

— ¿Lo segundo? Lo segundo es que hace falta invertir mucho.

— ¿Invertir qué?

— Invertir muchas energías, mucho tiempo y también dinero, si se tiene.

— Eso es todavía muy general.

— Pues le diré que la vida en pareja exige de ambas partes una dedicación muy intensa, una gran capacidad de renuncia y de tolerancia...

— Dedicación, renuncia, tolerancia... *Engagement, Verzicht, Toleranz...*

— Dedicación, *Engagement.* Considerar y tratar la relación de pareja como el asunto más importante, como el negocio más importante.

— ¿Negocio? *Geschäft? Ist das das richtige Wort?*

— *Ob es das richtige Wort ist, weiß ich nicht, aber falsch ist es auf jeden Fall nicht.* Ya le he dicho que en la vida en pareja hay que invertir mucho. *Und Sie haben das Wort invertir nicht beanstandet, obwohl es ein Wort aus der Welt des Handels und der Wirtschaft ist.*

— Pero invertir es aquí una metáfora.

— Es una metáfora y es una realidad. Ya le decía antes que en la vida en pareja hay que invertir muchas energías, mucho tiempo y también dinero, si se tiene. *Von alleine funktioniert es nicht.* Ya lo decía un cantar de mi infancia:

El que tenga un amor,
que lo cuide, que lo cuide...

— Wer eine Liebe hat, soll sie pflegen ...

— El amor hay que cuidarlo. Y para cuidarlo es necesario no sólo invertir, sino renunciar.

— Das ist mir klar: die Liebe erfordert Verzicht.

— Y tolerancia.

— Este es un punto muy delicado.

— Sí, claro. El tema de la tolerancia es de lo más delicado. Porque, si partimos de que tolerar significa soportar, admitir algo con lo que no estamos de acuerdo, incluso algo que a mí me perjudica, uno se pregunta hasta dónde debe llegar mi tolerancia...

— Soweit und solange meine eigene Würde, mein eigenes Interesse es zuläßt.

— Sí, tolerar mientras lo permitan mi propia dignidad y mis propios intereses. Eso parece claro. Pero en la práctica es un asunto muy difícil: dignidad, intereses...

— Sagen wir mal: tolerar mientras la tolerancia no me exija traicionarme a mí mismo...

— Ja schon. Solange ich durchs Tolerieren nicht mir selbst in den Rücken falle.

— Mit dieser Definition könnte ich leben. Pero ¿incluye Usted, para que la vida en pareja funcione, la tolerancia sexual?

—¿Qué quiere Usted decir?

— Ob Sie auch bei einem Seitensprung Ihrer Partnerin tolerant sind.

— Mi mujer no me ha dado ocasión de saberlo. Pero yo me imagino que sí.

— ¿Que sí qué?

— Que sí, que creo que yo sería tolerante si mi mujer tuviera una aventura amorosa con otro hombre.

— Überschätzen Sie sich nicht?

— Puede ser que me equivoque pensando que soy más tolerante de lo que soy; puede ser que, si mi mujer tuviera una aventura con otro hombre, yo reaccionara como un macho herido. Puede ser.

— Ja, solange wir nicht in einer bestimmten Situation sind, kennen wir unsere Reaktion nicht.

— Lo ha dicho Usted muy bien: No nos conocemos a nosotros mismos mientras no nos veamos en una determinada situación.

— Y es que, además, las situaciones reales suelen ser muy distintas de las situaciones imaginadas.

— Sí, sí, claro, eso es muy importante. Por ejemplo, en esto de las aventuras amorosas laterales, es decir en asuntos del Seitensprung, la aventura amorosa muchas veces no se queda en la aventura, sino que produce complicaciones más o menos imprevistas...

— Sí, ese es el riesgo de la aventura: que se sabe más o menos cómo empieza pero que no se sabe cómo sigue.

— Y a veces la aventura se complica y eso provoca conflictos en la vida de la pareja, y esos conflictos suelen ser difíciles de digerir.

— Schwer verdaulich?

— Ja, die Folgen eines Seitensprungs sind nicht immer leicht zu verarbeiten. No basta con ser personas tolerantes.

— Sí, yo siempre he pensado que la tolerancia es una «virtud» bien compleja, mucho más compleja y complicada de lo que pudiera pensarse. Vor allem, wenn es um Liebe und Sex geht.

— Sí, cuando anda de por medio el amor y el sexo, la tolerancia no es nada fácil. Normalmente la tolerancia figura entre las virtudes menores, pero yo creo que es una de las virtudes mayores.

— Eine der größeren Tugenden ... ¿En qué sentido mayores?

— En el sentido de que es una virtud muy difícil, muy compleja, y en el sentido de que es una virtud de lo más necesaria para la convivencia.

— Para la convivencia en pareja y para la convivencia humana en general.

— Sí, la tolerancia es una virtud fundamental para la convivencia en pareja y para la convivencia humana en general. Lo ha vuelto a decir Usted muy bien. Pero déjeme que le diga que muy parecida a la tolerancia y muy cercana a la renuncia está la capacidad de compromiso.

— Ja, Sie haben Recht. Damit das Leben zu zweit funktioniert, ist die Kompromißfähigkeit absolut notwendig.

— Con el tiempo sí.

— ¿Con el tiempo? Auf die Dauer? Was wollen Sie damit sagen?

— Quiero decir que al principio el enamoramiento lo hace todo fácil. Uno está dispuesto a todo. La renuncia y el compromiso no las sentimos como renuncia ni como compromiso.

— Al principio el amor, el enamoramiento nos hace verlo todo de color de rosa.

— Sí, al principo no vemos más que luces.

— Sí, al principio no vemos las sombras.

— Al principio es todo fácil.

— Al principio estamos embriagados.

— Al principio el amor nos traslada al paraíso.

— Y luego vamos decubriendo las sombras.

— Y vamos viendo otros colores, no sólo el rosa.

— Y van surgiendo diferencias y conflictos.

— Diferencias de gustos.

— Y diferencias de opiniones.

— Y conflictos de intereses.

— Y los conflictos hay que solucionarlos, es decir, hay que darle la razón a uno de los dos.

— O a los dos.

— O a ninguno de los dos.

— Es decir, hay que tener capacidad de compromiso, lo que en castellano llamamos *ceder*.

— Nachgeben?

— Sí, hay que saber ceder y hay que saber perder.

— En la vida en pareja como en la vida hay que saber ceder y hay que saber perder.

— Sin esta flexibilidad no se puede, a la larga, vivir en pareja.

— Hay quienes la flexibilidad la consideran un defecto.

— Sí, hay quienes la flexibilidad la consideran una debilidad.

— Hubo un tiempo en que yo rechazaba los compromisos por principio.

— Sí, yo también.

— Eso es típico de la juventud.

— Yo fui joven demasiado tiempo.

— No me diga.

— Le digo. Yo tardé mucho en descubrir que *ceder es cosa de inteligentes.*

— Meinen Sie: *Der Klügere gibt nach?*

— Ja, das meine ich. Der Klügere gibt nach. El cuerdo sabe ceder. Por eso digo que *ceder es cosa de inteligentes.*

— Según eso podemos decir que, para que una pareja monógama funcione, es necesario que ambas partes sean inteligentes...

— Streng genommen schon.

— Pero no es necesario que ambos sean intelectuales...

— No, claro, yo entiendo en este caso por inteligencia una inteligencia práctica, no una inteligencia especulativa.

— Lo que en alemán llamamos Klugheit.

— Sí, Klugheit.¡Cordura! Esa es la palabra. Hay que ser cuerdo. Que es lo contrario de necio. Hay que ser juicioso, como decía mi madre.

— Es decir, que la inteligencia sería, según Usted, lo tercero.

— ¿Lo tercero qué?

— Lo tercero que es necesario para que una pareja funcione.

— Sí, podemos decir que eso sería lo tercero.

— A veces piensa uno que basta con la buena voluntad, pero no, no basta con la buena voluntad.

— Ni basta tampoco con la inteligencia. Es necesario que ambas partes compartan la idea de pareja y acepten y cumplan las reglas de juego derivadas de esa idea.

— Esto es un aspecto nuevo.

— Sí, esto sería lo cuarto que es necesario para que una pareja monógama funcione.

— ¿En concreto?

— En concreto creo que hay dos modelos básicos de pareja monógama: el patriarcal o machista y el amical o de respeto mutuo.

— En la práctica supongo que predominan las parejas que se rigen por un modelo más o menos híbrido.

— Sí, supongo. Y sin embargo quisiera definir los dos modelos que yo considero básicos en nuestra cultura. El modelo patriarcal da por supuesto que el varón es, por naturaleza, superior a la mujer y excluye por tanto la igualdad de derechos en la pareja.

— Su base es un vínculo de poder y de sumisión.

— «Männerherrschaft durch Frauenopfer», sagt irgendwo Klaus Theweleit.

— Das ist ja stark. «Männerherrschaft durch Frauenopfer!» Wie wäre das auf Spanisch?

— Nicht einfach. *El macho domina porque la hembra se sacrifica.*

— No me gusta.

— A mí tampoco. Otro intento: *Dominio masculino sobre la base del sacrificio femenino.*

— Tampoco.

— Un último intento: *El hombre domina sacrificando a la mujer.*

— Dejémoslo.

— Sí, dejémoslo y sigamos con nuestro tema. Y nuestro tema es que el segundo modelo de pareja monógama es el que, partiendo de que ni el hombre es superior a la mujer ni la mujer es superior al hombre, postula la igualdad de derechos en la pareja.

— Von Natur aus gleichwertig, also gleichbererchtigt.

— La base de este modelo es un vínculo de respeto mutuo.

— Son dos modos radicalmente distintos de entender la pareja.

— Sí, son dos modos radicalmente distintos. Y para que una pareja monógama funcione, lo fundamental no es el modelo mismo de pareja, sino el que ambas partes compartan ese modelo y se identifiquen con los papeles previstos en ese modelo.

— Sie meinen also, daß es in beiden Modellen möglich ist, ein funktionierendes Leben zu zweit zu führen, vorausgesetzt, daß Mann und Frau sich mit der für sie vorgesehenen Rolle identifizieren ... Sie könnten Recht haben.

— Sí, por eso hay parejas tradicionales, que responden más o menos al modelo machista y que funcionan, porque ambas partes aceptan su papel, o mejor, porque ambas partes están convencidas de su papel.

— Por eso es tan difícil que funcione una pareja formada por un hombre y una mujer que han sido educados en ámbitos culturales distintos y hasta opuestos, o en tendencias opuestas dentro de un mismo ámbito cultural.

— Sie meinen jetzt die Kulturunterschiede bezüglich des «Wertes» und der Rolle von Mann und Frau ...

— Sí, claro, ahora me estoy refiriendo a las diferentes formas de definir el «valor» y el papel de la mujer y del hombre. Y cuanto mayor sea la distancia que separa a ambas partes a la hora de definir la naturaleza y el papel cultural del hombre y de la mujer, tanto más arriesgado será formar una pareja bicultural.

— Este es un asunto muy delicado, porque puede sonar a racismo el que digamos que es arriesgado formar una pareja bicultural.

— Sí, y por eso yo, aunque tengo mis reservas respecto a si conviene o no formar parejas biculturales, me callo y me guardo mis reservas para mí mismo o para cuando hablo con mis amigos más íntimos.

— Sind Ihre Vorbehalte gegenüber den bikulturellen Paaren grundsätzlicher Natur?

— Meine Vorbehalte schon, was nicht bedeutet, daß ich gegen jede bikulturelle Paarbeziehung wäre. No, no: yo no me opongo por principio a formar una pareja bicultural. Pero yo me digo: Si ya es difícil vivir en pareja, cuánto más difícil será si ese hombre y esa mujer tienen mentalidades distintas acerca de la convivencia entre un hombre y una mujer. Es éste un asunto muy problemático, sobre todo cuando se junta una mujer emancipada con un hombre de mentalidad machista.

— ¿O patriarcal?

— Sí, llámelo como quiera. Y me parece que no es raro que un hombre de mentalidad machista se sienta atraído por una mujer emancipada. Die Katastrophe ist vorprogrammiert.

— Meinen Sie?

— Conozco bastantes parejas de ese tipo. Y yo pienso que no funcionan porque no pueden funcionar. Es sei denn ...

— Es sei denn?

— A no ser que la mujer, aparentemente emancipada, se sacrifique, renunciando a su emancipación.

— Das kann aber nicht lange funktionieren.

— Sie unterschätzen die Opferungsbereitschaft einiger Frauen.

— Und die Männer?

— ¿Qué se puede esperar de un hombre que ha mamado el machismo y no ha conocido otro modelo de convivencia?

— Sprechen Sie solchen Männern jede Lernfähigkeit ab?

— No, por principio no les niego a esos hombres la capacidad de aprender. Pero en la práctica...

— Bien, pasemos a otro tema.

— Como Usted quiera.

P.S. Mi amigo Eugen Brötler me comenta: «Wir zerbrechen uns den Kopf, und unter Umständen hängt das monogamische oder polygamische Verhalten eines Mannes von einem Gen ab ...» Sí, puede que mi amigo tenga razón. Nos rompemos la cabeza pensando y hablando sobre monogamia y poligamia, y puede ser que nuestro comportamiento más o menos monógamo, más o menos polígamo sea una cuestión genética... Unos tendrían un gene monógamo y otros un gene polígamo. ¿Quién sabe?

Amor con cuernos

— Wer fremd geht, está cometiendo un adulterio. Al hombre, que fremd geht, se le llama adúltero y a la mujer, que fremd geht, se la llama adúltera.

— Eso me recuerda una novela de Fontane que lleva ese título: *L'adultera*, en italiano.

— Supongo que Fontane quería evitar la palabra alemana. *Die Ehebrecherin* sería un título muy duro. Zumal Fontane die Ehebrecherin dieses Romans keinesfalls verurteilt.

— Eben! *Ehebruch* es una palabra francamente dura, tanto por su significado – die Ehe brechen! – como por su fonética.

— Es verdad, fonéticamente *Ehebruch* suena mucho más duro que la palabra *adulterio*.

— ¿Pero qué significa adulterio etimológicamente?

— Adulterar es latín puro y significa literalmente enajenar, ir a otro.

— Also fremd gehen.

— So isses. Pero el verbo adulterar, en castellano, significa corromper, falsificar: se habla, por ejemplo, de leche adulterada, de alimentos adulterados.

— Yo también he leído que se adultera la verdad.

— Sí, se adultera la verdad, es decir, se corrompe la verdad. La verdad adulterada es la verdad podrida. Y ese sabor a podrido del verbo *adulterar* se transmite al sustantivo *adulterio*, comunicándole una resonancia siniestra que no tiene la palabra *Fremdgehen*.

— *Fremdgehen* no carece de un cierto humor: fremd gehen, in die Fremde gehen, irse al extranjero, emigrar...

— Pero más humor todavía lleva la palabra *Seitensprung*.

— No sólo humor. *Seitensprung* lleva una buena dosis de ironía.

— Evidente. Un *Seitensprung* es un salto, un brinco, un salto lateral, un brinco lateral, a diferencia del sexo dentro del matrimonio, que ni es un brinco ni es lateral. El sexo dentro del matrimonio es un ejercicio frontal...

— Es curioso, beim Fremdgehen existiert nur das Verb, nicht das Substantiv Fremdgang. En cambio beim Seitensprung ist es umgekehrt: Existe el sustantivo Seitensprung, pero no el verbo seiten-springen.

— Sí, es curioso. En castellano, como acabamos de ver, ocurre algo parecido: el sustantivo adulterio significa Ehebruch, pero el verbo adulterar significa corromper, falsificar...

— ¿Y qué otras palabras se utilizan en castellano, además de la palabra adulterio? Porque imagino que en el lenguaje coloquial no se hablará de adulterio...

— No, adulterio no es una palabra coloquial. Normalmente se dice que un hombre engaña a su mujer...

— O que una mujer engaña a su marido...

— Sí, claro, el engañar no es monopolio de nadie. Y también se dice que un hombre es infiel a su mujer...

— O que una mujer es infiel a su marido...

— Sí, claro. Tampoco el ser infiel es monopolio de nadie.

— En alemán, en este caso, como Usted sabe, también hablamos de *betrügen* y de *untreu sein*.

— Pero éstas son expresiones menos diferenciadas que Ehebruch, Seitensprung y Fremdgehen.

— Es curioso que en alemán tengamos más palabras que en caste-llano para hablar de este asunto...

— Sí, es curioso.

— ¿Será que en España se dan menos adulterios que en Alemania? ¿O será que el tema está en Alemania menos tabuizado que en Es-paña?

— Será.

— Será ¿qué?

— ¿Qué será, será?

— Ya veo que Usted no me quiere responder. Así que paso al tema de *poner los cuernos, die Hörner aufsetzen.*

— ¿Y qué quiere Usted saber acerca del poner los cuernos?

— No, yo quería recordar que *poner los cuernos* es algo que hace la mujer casada.

— Sí, la mujer adúltera le pone los cuernos a su marido, en cambio el hombre adúltero no le pone los cuernos a su mujer.

— Y el marido al que su mujer le pone los cuernos es un *cornudo.*

— Sí, un cornudo. Y Usted sabe que los cuernos que la mujer adúltera pone a su marido son los cuernos del *cabrón*, es decir del macho cabrío.

— Sí, die Hörner vom Ziegenbock.

— ¿Y sabe Usted por qué?

— Creo recordar que lo cuenta Usted en algún sitio.[20]

— Pues déjeme que se lo cuente otra vez: *Cornudo, cabrón*, im strengeren Sinne, bezeichnet den gehörnten Ehemann, und zwar noch genauer den Ehemann, der den Betrug seiner Ehefrau zuläßt.

— Und warum ist ein solcher Ehemann ein Ziegenbock, un cabrón, un *cornudo*?

— Mich überzeugt die Erklärung, die ich in dem großen *Lexikon der sprichwörtlichen Redensarten* gelesen habe: El macho cabrío, es decir el cabrón, a diferencia del carnero, permite que otros machos cabríos cubran a sus hembras.

— Also der Ziegenbock lasse zu, im Gegensatz zum Widder, daß andere Böcke seine Ziegen decken ...

— Da hätten wir die Ähnlichkeit des Ziegenbocks mit dem wissentlich betrogenen Ehemann.

— Ja, es ist eine schlüssige Erklärung. Wie sagen Sie eigentlich schlüssig?

— Lógico, coherente, plausible.

— Así que esa explicación es lógica, coherente, plausible.

— Y Usted sabe que el cornudo, el cabrón se convierte en el *hazmerreír* de todos.

— Si Usted me explica lo que significa que se convierte en el hazmerreír...

— Er macht sich zum Gespött aller.

— Gracias. Sospecho que se convierte en el hazmerreír de todos porque le falta Männlichkeit.

— Sí, le falta hombría, und zwar in mehrerer Hinsicht: le falta potencia para satisfacer a su hembra; le falta coraje y energía para impedir que otros machos se acerquen a su hembra; y le falta el

---

20 Besserwisser V, pp. 157 ss

74

sentido del honor. Es decir, le faltan cojones, que es lo peor que le puede pasar a un macho.

— ¿Lo dice Usted en serio?

— ¿Por qué lo duda Usted?

— Porque esas son ideas antiguas, arcaicas, hoy superadas.

— ¿Usted cree que hoy los hombres ya no son así?

— Wenn Sie behaupten, der Mann habe potent zu sein, um sein Weib ganz zu befriedigen; er habe stark zu sein, um andere Nebenbuhler zu vertreiben; und er habe genug Ehrgefühl zu besitzen, um auf die Verletzung seiner Ehre männlich zu reagieren, denke ich mir: Wovon redet er?

— Ich rede vom ungeschriebenen Codex der Männlichkeit. Sí, yo hablo del código de la hombría o del machismo. Un código no escrito que llevan muy dentro tantos hombres...

— Usted es de otra generación...

— Puede ser. Pero también puede ser que Usted sepa muy poco de la vida...

Amor de compra y venta

— Al hablar de si las parejas se comportan monógámicamente o no, hemos hablado de las *queridas*, pero no hemos tratado el tema de las *prostitutas*.

— ¿Y por qué quiere Usted tratar de las prostitutas?

— Porque las prostitutas, en nuestro sistema monogámico, juegan un papel muy importante.

— Me parece que tiene Usted razón, pero no sé exactamente qué quiere decir.

— Quiero decir, en primer lugar, que la prostitución, o mejor dicho el *ir de putas* es un... Ventil.

— Una válvula de escape.

— Sí, creo que para muchos maridos oficialmente monógamos, el ir de putas es una válvula de escape que les facilita un poco seguir siendo monógamos.

— Eso tengo yo también entendido. Y eso dice mucha gente más o menos entendida. No sé si sabrá Usted que el mismísimo Agustín, el famoso San Agustín, un enemigo declarado de la sexualidad y de la sensualidad, no sé si sabrá Usted que incluso ese Agustín recomienda que se tolere la prostitución.

— ¿Y por qué es tolerante un señor tan intolerante?

— Su argumentación es interesante: Es cierto que la prostitución es una cloaca, pero sin ella la mierda se desbordaría y lo inundaría todo.

— ¿Habla ese señor de la mierda?

— No, no, él dice que la lujuria se desbordaría.

— ¿Qué es exactamente la lujuria?

— La lujuria es die Geilheit, die Unzucht, die Lüsternheit, o lo que llaman el vicio de la carne, die Fleischeslust. Agustín lo llama *libido*. Escuche: «Aufer meretrices de rebus humanis, turbaveris omnia libidinibus.»[21]

— ¿Y eso qué quiere decir?

---

21   Augustinus, De Ordine 2, 4, Migne PL 32, Sp. 100

— Eso quiere decir más o menos lo siguiente: «Elimina a las putas de la sociedad y las pasiones libidinosas lo trastornarán todo.» O también: «Quita a las putas y la libido provocará un caos social.» O más sencillo aún: «Quita a las putas y verás qué cachondeo.»

— Ohne die Prostitution würde also die Geilheit ausufern ...

— Sí, sin las putas se desbordaría la lujuria, meint der Augustinus.

— ¿Y Usted qué piensa?

— Yo pienso, en primer lugar, que es un problema muy complejo.

— ¿Pero, en principio, cree Usted que es mejor tolerar la prostitución?

— Hay una forma de prostitución que no admite discusión: la prostitución criminal.

— ¿Criminal? ¿Quién es, según Usted, criminal, la prostituta, el cliente?

— No, criminales son los que a la mujer la obligan, por engaño o por la fuerza, a prostituirse.

— O sea que Usted toleraría la prostitución voluntaria...

— No sé si, hablando de la prostitución, se puede hablar de prostitución voluntaria. Hay mujeres que se prostituyen sin que nadie las obligue, nadie más que la pobreza...

— Pero suponiendo que haya mujeres que se prostituyen voluntariamente, hay quienes presentan la prostitución, la prostitución voluntaria, claro, como un oficio más, como un trabajo más. Las prostitutas no serían putas sino trabajadoras sexuales.

— Eso suena casi a trabajadoras sociales... Yo eso lo veo como una Verharmlosung. Eso es quitarle importancia al asunto, minimizarlo.

— Bien, déjeme que siga con mi idea. Y luego, en la literatura y en el cine, existe la prostituta de lujo, una mujer independiente, que es puta por placer, que hace su trabajo gozando y que incluso disfruta de un cierto prestigio social. La prostitución es, en este caso, una forma de emancipación.

— Sí, en esta perspectiva la puta, la cortesana, es una mujer libre, mientras que la esposa es una esclava.

— Es el caso de la Dama de las Camellas, de Dumas.

— A ese tipo de prostituta le cae bien el nombre de cortesana.

— Y luego está, en el cine, la puta guapa, simpática, cariñosa, independiente, una especie de amiga íntima de varios hombres. También ésta es una mujer emancipada. Como sería el caso de Melina Merkuri en aquella película que en alemán se titulaba *Sonntags nie*. O como sería el caso de *Irma la douce*, aquella película deliciosa con Shirley MacLain.

— Sí, la recuerdo. Una película entretenida e incluso bonita, die aber die Prostitution verniedlicht.

— Verniedlicht! Wie sagen wir das?

— Ich habe es immer und immer wieder vergeblich versucht. *Verniedlichen* es presentar como inocua, inofensiva e incluso agradable una realidad cruel, difícil, indigna... Pero no encuentro un verbo apropiado.

— Pues dejémoslo.

— Lo que yo quiero decir es que tales películas y tales novelas presentan la prostitución desde la perspectiva de un varón que quiere hacernos olvidar que la prostitución es humillante, indigna... Humillante para la mujer, reducida a objeto comprable y vendible, e indigna para el hombre, que humilla a la mujer, que la rebaja. Y por eso tengo mis problemas con Gabriel García Márquez, a quien mucho aprecio.

— ¿Y por qué tiene Usted sus problemas con un escritor a quien tanto aprecia?

— Entre otras cosas porque sus putas son unas putas idílicas: mujeres cariñosas, generosas, contentas y hasta felices.

— ¿Y no cree Usted que puede haber putas como las que pinta García Márquez?

— No, no lo creo. Y tengo la sospecha de que Márquez las pinta así para justificar a los hombres que van de putas.

— ¿Para justificarse a sí mismo?

— Puede ser, porque a Márquez le gusta contar sus aventuras juveniles en diversas casas de putas.

— ¿Y Usted se lo cree? Es kann sein, daß er nur angeben will.

— Puede ser que nos esté contando cuentos, que sean faroladas,[22] que presuma de hombría...

— Sí, puede ser. Pero volvamos a la pregunta: ¿Toleramos la prostitución «voluntaria» o no la toleramos?

— Usted y yo no tenemos poder público. Pero si Usted me insiste en que le dé mi parecer, le diré que el modelo que, de momento, más me convence es el modelo sueco, que prohíbe la prostitución pero sólo castiga al cliente.

— No sé qué le diga. Pero sí, permítame que haga de abogado del diablo. Así que le diré que la prohibición de la prostitución nunca ha funcionado. Y no funcionará mientras existan hombres que «necesitan» die sexuelle Entladung ...

— La descarga sexual.

— Sí, mientras haya hombres que necesiten la descarga sexual y no la consigan por el camino del amor o de la amistad, habrá clientes para las prostitutas.

— Sí, das Bedürfnis schafft sich immer einen Weg zur Erfüllung, und sei es ein perverser.

— Pero esta es la cuestión: ¿Cuándo es la prostitución una solución perversa?

— Cuando la prostituta no ofrece sus servicios voluntariamente.

— ¿Y quién, en nuestra sociedad, ofrece sus servicios voluntariamente? ¿Cree Usted que todos los obreros y empleados ofrecen sus servicios voluntariamente?

— Hombre, hay servicios y servicios.

—¿Y por qué el servicio sexual de una prostituta es de por sí perverso?

— Porque en la prostitución se despersonaliza la mujer y su sexualidad, se instrumentaliza, se hace objeto de un negocio...

— ¿Y cuántas mujeres casadas venden de hecho sus servicios sexuales a su marido? ¿Y cuántos maridos despersonalizan a su mujer y la convierten en un objeto sexual?

— Hombre, no es lo mismo.

---

22 farolada – Angeberei

— ¿Que no es lo mismo? La diferencia está en que la mujer casada hace un contrato comercial con su marido a largo plazo y la puta hace el contrato sólo para una vez. Entre la puta y su cliente no surge un vínculo legal, el famoso vínculo matrimonial. Esa es la diferencia.

— ¿O sea que?

— ¿O sea que qué?

— ¿Tolerar o no tolerar?

— No es esa la única disyuntiva. Existe también la posibilidad de legalizar la prostitución, la «voluntaria», claro. Legalizarla como una profesión más. Pagando impuestos, con seguros sociales...

— Sí, sí, ya sé que ése es por ejemplo el caso de Alemania.

— ¿O sea que...?

— O sea que esperemos que la prostitución se humanice lo más posible y soñemos con un mundo en el que todos y todas puedan llevar una vida sexual satisfactoria y respetuosa que haga innecesaria la prostitución.

— Amen!

— ¡Amén!

— Pero no quiero que terminemos sin que Usted me responda algunas cuestiones de vocabulario. Y comencemos con el nombre que se da a las prostitutas. Yo sé que el más común es el de putas.

— Sí, puta es el nombre más usual. Y es curioso que no se sepa la etimología de una palabra tan usual.

— Pero puta no es una palabra del todo anständig.

— No, puta no es una palabra del todo decente. Decente es la palabra prostituta.

— ¿Y cortesana?

— Cortesana es una palabra arcaica que ya no se usa más que en contextos muy formalistas. Lo mismo que hetaira o hetera, meretriz, ramera. También buscona es arcaica. En cambio aún hay quien las llama zorras, golfas...

— Pero zorras y golfas suenan muy mal...

— Sí, son palabras muy despectivas.

— Und der Zuhälter heißt chulo, oder?

— Sí, *chulo* y también rufián. En un lenguaje casi científico se llama *proxeneta*, que es una palabra griega, compuesta de pro y xeno.

— *Pro* significará delante, supongo yo, y *xeno*, si no me equivoco, significa extranjero.

— ¡Eso es! Así que un proxeneta era alguien que iba por delante de un extranjero para llevarle a algún sitio, por ejemplo a una casa de putas.

— Was Sie nicht sagen ... O sea que un proxeneta es, streng genommen, un Fremdenführer.

— ¡Exacto! Y esta etimología me recordó y me recuerda que en mi niñez había compañeros que se ganaban unas pesetas enseñando a los forasteros cómo se iba a la casa de putas, que era un chalé situado entre huertos, más allá de la vía del tren.

— O sea que los compañeros de Usted eran proxenetas...

— Streng genommen schon.

— ¿Y Usted?

— No, yo era demasiado tímido.

— Pero Usted sabía dónde estaba la casa de putas...

— Eso lo sabíamos todos. Y conocíamos a las putas, que eran rubias e iban vestidas de modo llamativo. Había una que pasaba siempre por nuestra calle, por delante de nuestra casa. Un día le pregunté yo a mi madre quién era aquella mujer. Y ella me respondió: «Una mujer de mal vivir.»

— ¿Y Usted lo entendió?

— No, no lo entendí, pero no seguí preguntando. Por cierto que también se les daba ese nombre: *mujeres de mal vivir* y también *mujeres de la vida.*

— El lenguaje es muy rico en estas cosas.

— Sí, por eso la casa de putas tiene también muchos nombres. A la casa de putas de Miranda de Ebro la llamábamos eufemísticamente la Casa de la Rosa.

— ¡Qué bonito!

— Con el tiempo fuimos conociendo otros nombres no tan bonitos. El más usual era *burdel.* Y supimos que oficialmente se llamaba también *prostíbulo, lupanar y casa de lenocinio*. Pero el nombre más simpático que yo conozco es el de *casa de tolerancia*.

— Yo he oído hablar de *puticlub*.

— Sí, yo también. Es una palabra que llama a las cosas por su nombre. Cosa que no ocurre cuando se habla de *club de alterne*.

— ¿Club de alterne?

— Sí, yo lo he oído no hace mucho.

— Pero bien, ¿no le parece que ya hemos hablado lo suficiente de prostitución, de putas, de burdeles y de puticlubs?

— Sí, yo creo que ya basta.

Vertrautheit

— ¿Cómo diría Usted *Vertrautheit?*

— Confianza, familiaridad, intimidad. Aber warum fragen Sie?

— Weil ich mich manchmal frage, wie es dazu kommt, daß zwei wildfremde Menschen zu einer solchen Vertrautheit kommen?

— Sí, lo mismo me ocurre a mí. Después de más de treinta años de convivencia con mi mujer, yo no dejo de preguntarme que cómo es posible que ella y yo, que un día nos fuimos absolutamente extraños, vivamos con un grado tal de familiaridad. Sobre todo sigo admirándome de que hayamos llegado a compartir nuestro cuerpo sin reparo ninguno. Porque, bien pensado, el asunto tiene bemoles.

— El asunto tiene bemoles... ¿Y eso qué es?

— Daß es ganz schön verwunderlich ist.[23] Cuando nos amamos o nos queremos o hacemos el amor caen no sólo los velos textiles, que ya es mucho caer, sino que caen los velos de la desconfianza, y compartimos la piel, toda la piel, y yo me atrevo a hacer una incursión en el cuerpo de una mujer, una persona que me fue extraña, y ella deja que yo, una persona que le fui extraña, haga una incursión en lo más secreto de su piel.

— En realidad, una incursión tal, ein solcher Streifzug, eine solche Erkundungsreise bis in die tiefsten Winkel ihrer Haut, eso que Usted llama «una incursión en lo más secreto de su piel» es la cosa más normal del mundo...

— Será todo lo normal que Usted quiera. A mí, con mis más de sesenta años, sigue sorprendiéndome casi como el primer día.

— Usted es muy romántico.

— Usted a veces también...

— Sí, pero no tanto como Usted.

— Puede. ¿Y sabe Usted lo que más me admira? Que al cabo de más de treinta años de compartir con mi mujer la cama y la piel,

---

23 *Bemol* significa literalmente *be*, das heißt *Erniedrigungszeichen in der Musik.* *La cosa tiene bemoles* significa más o menos: das ist ein starkes Stück; das ist äußerst schwierig; das ist allerhand!

siga admirándome cada mañana al despertarme junto a una mujer, junto a una mujer desnuda.

— ¿O sea que para Usted, el despertarse cada mañana desnudo junto a una mujer desnuda, aun después de tantísimos años, sigue siendo una novedad?

— Sozusagen. ¿Y a Usted no le ocurre lo mismo?

— Sí, pero hace ya algún tiempo que no tengo la suerte de despertarme desnudo junto a una mujer desnuda.

— Pues va siendo hora...

— ¿Hora de qué?

— Ya va siendo hora de que vuelva a enamorarse.

— No basta que me enamore yo de una mujer, hace falta que esa mujer se enamore también de mí.

— Pero eso a veces ocurre...

— Sí, a veces.

— ¡Pues que ocurra pronto!

— ¡Gracias!

— De nada.

II. El cuerpo

Tapar y destapar

— Quiero iniciar nuestro diálogo de hoy con una cita. Un poema de Mario Benedetti, un autor...

— No, no hace falta que me cuente quién es Benedetti. Lo conozco. Sé que es uruguayo, contemporáneo, y las cosas que conozco de Benedetti me gustan.

— Entonces conocerá Usted el poema titulado *Una mujer desnuda y en lo oscuro.*

— Pues no, ese poema no lo conozco.

— Entonces escuche:

Una mujer desnuda y en lo oscuro
tiene una claridad que nos alumbra
de modo que si ocurre un desconsuelo
un apagón[24] o una noche sin luna
es conveniente y hasta imprescindible
tener a mano una mujer desnuda.

Una mujer desnuda y en lo oscuro
genera un resplandor que da confianza
entonces dominguea el almanaque[25]
vibran en su rincón las telarañas
y los ojos felices y felinos[26]
miran y de mirar nunca se cansan.

---

24   apagón – Stromausfall

25   El almanaque es el calendario. *Dominguea el almanaque* equivale a decir que das Datum wird zum Sonntag, der Alltag wird zum Feiertag.

26   ojos felinos – katzenhafte Augen, also Augen, die im Dunklen sehen

Una mujer desnuda y en lo oscuro
es una vocación para las manos
para los labios es casi un destino
y para el corazón un despilfarro²⁷
una mujer desnuda es un enigma
y siempre es una fiesta descifrarlo.

Una mujer desnuda y en lo oscuro
genera una luz propia y nos enciende
el cielo raso²⁸ se convierte en cielo
y es una gloria no ser inocente
una mujer querida o vislumbrada
desbarata²⁹ por una vez la muerte.

— Delicioso.
— Sí, delicioso. Pero permítame una pregunta.
— Usted dirá.
— ¿Qué es más erótico, un cuerpo vestido o un cuerpo desnudo?
— Depende.
— ¿Depende de qué?
— De muchas cosas. Usted a veces tiene unas preguntas...
— Pues le haré la pregunta de modo más personal: ¿Qué le gusta a Usted más, una mujer vestida o una mujer desnuda?
— En principio una mujer desnuda.
— ¿Está usted seguro?
— Seguro no estoy. Ya le he dicho que en principio me gusta más una mujer desnuda, pero sólo en principio. Luego, en concreto, depende de muchas cosas.
— ¿Por ejemplo?
— Depende sobre todo del cuerpo mismo, porque hay cuerpos y cuerpos.

---

27 sinngemäß: Eine nackte Frau im Dunkel sollen wir streicheln, müssen wir abküssen und verschwenderisch lieben.

28 cielo raso – Zimmerdecke

29 desbaratar – zugrunde richten

— ¿En qué sentido?

— En primer lugar en el sentido de que hay cuerpos más bonitos y menos bonitos.

— ¿Y en segundo lugar?

— En el sentido de que hay cuerpos que ganan desnudándose y otros que ganan vistiéndose. Y es un arte conocer su propio cuerpo para saber hasta qué punto le favorece el ponerse ropa o el quitársela.

— Y hay hombres y mujeres, sobre todo mujeres, que dominan este arte.

— Sí, tiene Usted razón. Die Kunst, den eigenen Körper zu inszenieren, el arte de escenificar el cuerpo es un arte en el que las mujeres, como en otros muchos terrenos, nos son muy superiores. Pero bien, aparte de eso, lo que yo también quería comentar es que un cuerpo puede estar desnudo de modos muy distintos y por razones muy distintas.

— ¿Qué quiere Usted decir con eso de que hay modos muy distintos de estar desnudo?

— No se haga Usted el tonto.[30] Usted sabe igual que yo que hay desnudos y desnudos. Un cuerpo desnudo en un quirófano se parece muy poco a un cuerpo desnudo haciendo el amor. Y un cuerpo desnudo dormido puede ser muy distinto de un cuerpo desnudo despierto. Y un cuerpo a quien alguien ha desnudado por la fuerza es muy distinto de un cuerpo que se ha desnudado voluntariamente. Y un cuerpo que se desnuda en el cuarto de baño rutinariamente es muy distinto de un cuerpo que se desnuda por placer...

— Lascivamente, sozusagen.

— Quien se desnuda por placer no se desnuda necesariamente de modo lascivo.

— Tiene Usted razón, quien se desnuda por placer no se desnuda siempre de modo lascivo. Desnudarse lascivamente es desnudarse para excitar sexualmente a otra persona.

— Cosa que puede ser muy... lobenswert.

— Loable.

---

30 hacerse el tonto – sich dumm stellen

— Gracias. Así que le decía que desnudarse lascivamente para excitar sexualmente a otra persona puede ser muy loable.

— De modo que la mala fama que tiene el adjetivo lascivo no está siempre justificada...

— No. Pero hay más, el desnudarse puede ser también un placer en sí, para complacerse a sí mismo, distinto del placer que pueda proporcionar el saberse observado u observada... El desnudarse puede ser un placer autoerótico.

— Sí, claro, no cabe duda de que el desnudarse puede ser una fuente de placer autoerótico. Pero no me negará Usted que el desnudarse a sí mismo y el dejarse desnudar por la pareja[31] es uno de los elementos más interesantes del juego erótico.

— Claro que no se lo niego. El desnudarse a sí mismo, el desnudar a la pareja y el dejarse desnudar por ella es uno de los elementos más interesantes del juego erótico. No hay duda. Así que, a su pregunta de si a mí me gusta más una mujer desnuda que una mujer vestida respondería yo ahora diciendo que una mujer que se está desnudando me gusta más que una mujer que se está vistiendo. Y más interesante aún es si soy yo quien la desnuda.

— No cabe duda. De modo que es evidente que hay desnudos y desnudos.

— Y más evidente aún es que hay vestidos y vestidos.

— ¿Por qué más evidente?

— Porque el vestido admite más variedad que el desnudo. Sobre todo en la mujer, que en nuestra cultura es, a la hora de vestirse, mucho más imaginativa que el hombre.

— Y también a la hora de desvestirse.

— Sí, la mujer es mucho más imaginativa que el hombre tanto a la hora de vestirse como a la hora de desvestirse...

— Lo cual no es de extrañar, pues la mujer tiene un cuerpo mucho más interesante que el hombre.

— La mujer tiene más que enseñar que nosotros, y por eso tiene también más que ocultar.

---

31 *Pareja* equivale aquí a *Partner* y a *Partnerin*.

— Sí, nuestras mujeres dominan mejor que nosotros el juego de taparse y destaparse.

— Yo también lo creo, y por eso me sorprendió muchísimo una emisión que vi hace años en la tele. Era un reportaje sobre la formación de bailarinas de estriptis. Los instructores o entrenadores eran todos hombres, gays, schwule Männer de unos cuarenta o cincuenta años.

— ¿Y qué explicación le da Usted a ese hecho tan curioso?

— Hombre, aquellos hombres no eran machos normales y corrientes; eran hombres atípicos, hombres en cierto sentido femeninos... Y por otro lado está claro que las bailarinas de estriptis se desnudan profesionalmente, y puede que para desnudarse profesionalmente se necesite de una instrucción especial.

— Sí, supongo que las reglas del juego de desnudarse en privado son distintas de las reglas del juego de desnudarse en público. Y supongo que Usted y yo estaremos de acuerdo en que eso de vestirse y desvestirse es un juego.

— Sí y no. Nos vestimos y nos desvestimos en primer lugar para reaccionar ante el calor, el frío, la lluvia, el viento... La ropa cumple en primer lugar la función de protegernos de las inclemencias del clima. La ropa es en primer lugar un regulador.

— Sí, claro, eso es una verdad de perogrullo.[32] Pero no me negará Usted que con la ropa emitimos también señales muy diversas.

— ¿Cómo voy a negarle algo tan evidente? La ropa es una especie de morse. Con la ropa enviamos mensajes; con la ropa escenificamos el cuerpo, convertimos el cuerpo en un actor de teatro, de teatro real. De modo que con solo el clima no se explica la variedad de... Garderoben.

— De atuendos.[33]

— Gracias. Con sólo el clima no se explica la variedad de atuendos, sobre todo la variedad de los atuendos femeninos.

---

32   verdad de perogrullo – Binsenweisheit

33   El *atuendo* es el conjunto de las prendas con que se viste una persona.

— La puesta en escena del cuerpo a través del vestido, el juego del tape y del destape[34] da lugar a una variedad infinita de atuendos.

— Sí, desde el traje de baño más exiguo[35] hasta el traje de noche más largo y más cerrado, que no nos deja ver más que la cabeza.

— Hombre claro, hasta el más bobo sabe que un traje ceñido,[36] cerrado de arriba abajo, al insinuar e incluso acentuar precisamente las formas que oculta, puede ser más erótico que el más erótico desnudo.

— Sí, es lo que podríamos llamar la dialéctica del enseñar y el ocultar.

— La dialéctica del tape y el destape.

— Esa dialéctica se rompe cuando por principio no se oculta nada, como ocurre en las playas nudistas, que en alemán llamamos FKK-Strände, donde los cuerpos pierden su secreto y su misterio, porque se muestran desnudos por principio, no por simpatía ni por amor ni por deseo de seducir a nadie...

— Y esa dialéctica también se rompe bruscamente cuando por principio se oculta todo el cuerpo, incluso la cabeza, y se oculta de tal modo que desaparecen las formas del cuerpo, como si no existieran. Y me estoy refiriendo a esos velos y sacos, esas cortinas y esas tiendas de campaña que los machos islamistas obligan a llevar a sus mujeres. En esos atuendos que ocultan por completo las for-

---

34 *Destapar* es un verbo en principio inofensivo, pues no significa sino quitar la tapa, also abdecken. Así podemos destapar la cazuela, podemos destaparnos en la cama cuando retiramos las mantas porque tenemos calor, y podemos incluso destapar una botella de vino, que equivale a descorchar, also entkorken. Aquí utilizo *destape* para designar la actual liberalización de todo lo relativo al vestuario, lo que permite que sobre todo las mujeres se destapen generosamente en público. Pero la palabra *destape* es en el contexto español una de las palabras claves de la modernización de España, una de las palabras claves para describir lo que en España se llama la transición, der Übergang, que se produjo en los años 70–80. Durante esa década España vivió un periodo de efervescencia erótica que fue popularmente bautizado como *destape, Enthüllung, Entblößung*. Después de soportar cuarenta años de casto franquismo, los españoles parecían estar especialmente necesitados de liberar sus demonios sexuales, sus frustraciones eróticas, su represión moral.

35 exiguo – knapp

36 ceñido – eng anliegend

mas femeninas no hay juego de señales. Esos atuendos emiten una única señal: Prohibido el paso. Más aún: Prohibido mirar.

— Sí, pero el impulso erótico es tan fuerte, que es capaz de abrirse paso incluso a través de esos velos y esas cortinas.

— ¿Qué quiere decir Usted?

— Quiero decir que un amigo me contaba que, paseándose por los bazares de Argelia le llamaba la atención la elocuencia, la carga erótica de los ojos de muchas de aquellas mujeres tapadas. Los ojos eran lo único no tapado. Y en aquellos ojos se concentraba todo el erotismo de aquellas mujeres obligadas a ocultar su cuerpo. Mi amigo me decía: «No puedes imaginarte qué señales emitían aquellos ojos donde se concentraba todo el erotismo reprimido de aquellas mujeres veladas. No te haces idea de las invitaciones que recibí de aquellos ojos en mis paseos por los bazares de Argelia.»

— Ese amigo de Usted es un Don Juan...

— Hombre, sí que es un buen galán, pero un Don Juan no es. Y él me dice que, ante la intensidad erótica de aquellos ojos no le extraña que los integristas más salvajes obliguen a las mujeres a que escondan los ojos detrás de una reja de alambre, hinter einem richtigen Gitter.

— Eso coincide más o menos con algo que leí en una entrevista con una socióloga marroquí, que decía que los hombres que obligan a sus mujeres a cubrirse completamente en público lo hacen por miedo.

— ¿Por miedo a qué?

— Por miedo a la potencia erótica de sus mujeres.

— Solche Männer wissen nicht, was sie versäumen.

— No, esos hombres no saben lo que se pierden. Imagínese cómo sería nuestro mundo si en público no viéramos más que mujeres disfrazadas de fantasmas.

— Eine gespenstische Welt.

— Eso es; sería un mundo fantasmal. Pero bien, sin llegar a esos extremos, Usted sabe que más de uno piensa que hoy estamos pasándonos:[37] es decir, que las mujeres en nuestros países enseñan demasiado.

— ¿Y qué es demasiado?

— Demasiado es más de lo justo.

— ¿Y qué es lo justo?

— Antes se predicaba que lo justo es lo que exige el pudor.[38]

— ¿Y qué exigía el pudor?

— Lo que decían los curas.

— ¿Y por qué sabían los curas lo que exige el pudor?

— Porque se lo había dicho un pajarito al que llamaban Espíritu Santo.

— ¿Y Usted qué piensa acerca del pudor?

— Que el pudor es un sentimiento muy relativo que depende de la sensibilidad de cada una de las personas, pero que sobre todo depende de los cánones de cada sociedad en cada momento.

— O sea que el pudor es una cosa de lo más variable y nadie tiene el derecho de... bestimmen ...

— Determinar, dictaminar.

— Gracias. Así que nadie tiene el derecho de dictaminar la cantidad de piel que debemos enseñar en público.

— Sí, de acuerdo, criticar el destape actual a partir de un hipotético pudor natural, das heißt, die heutige Entblößung auf der Grundlage einer natürlichen Schamgrenze zu kritisieren, ist äußerst problematisch.

— Pero hay también quienes critican el destape actual argumentando que, al enseñar tanta piel en público, se está perdiendo el cosquilleo erótico.

— El cosquilleo erótico. Das erotische Kribbeln. Ein hübscher Ausdruck. Auf Ihrem eigenen Mist gewachsen?

— Keine Ahnung. Y déjeme seguir con la idea de que algunos critican el destape actual porque con él estaría perdiendo en interés el juego erótico. Aldous Huxley incluso consideraba que los que

---

37 *Pasarse* significa aquí überziehen, übertreiben.

38 pudor – Scham, Züchtigkeit ...

mejor entendieron la erótica fueron los victorianos que lo taparon todo.[39]

— Es una opinión interesante, aunque yo no la comparto. Me parece que tiene algo de perversa.

— Yo tampoco comparto esa opinión. Yo no quisiera dar marcha atrás en este punto. No me agradaría que nuestras mujeres se hicieran más «pudorosas». Pero también me desagradaría que las mujeres se destaparan no por placer sino por Zwang, a la fuerza.

— La moda, incluso la moda más liberadora, siempre tiene un poco o un mucho de Zwang, de imposición.

— Aber das wäre ein zu weites Feld. Así que déjeme que le cuente que hay hombres que el destape actual lo consideran una provocación.

— Y otros lo consideran sin duda una liberación.

— Provocación, liberación... Todo eso es muy subjetivo. Hay incluso hombres que se sienten provocados por toda mujer, por el hecho de ser mujer, aunque vaya tapada. Como aquel fraile de una película de Lina Werthmüller que decía: «Las mujeres son todas unas inmorales: por debajo de la ropa van desnudas.»

— Ein schönes Schlußwort.

— Sí, pero déjeme que le pregunte si Usted sabe lo que significa estar en pelota o en cueros.

— No me ofenda. ¿Cómo no voy a saberlo? Quedarse en pelota, en pelotas o en cueros es desnudarse.

— Está bien. ¿Y despelotarse?

— Despelotarse es desnudarse.

— Y también, entre otras cosas, morirse de risa.

— Eso no lo sabía.

— Pues ahora lo sabe.

---

39   El País, 17.02.04

Der Mittelpunkt des Universums

— Wie nennen Sie auf Spanisch den Mittelpunkt des Universums?

— Was meinen Sie?

— Was ich meine? Tun Sie nicht so!

— Ich tu nicht so.

— Ausgerechnet Sie wollen nicht wissen, was ich meine, wenn ich nach dem spanischen Namen für den Mittelpunkt des Universums frage?

— Ah! Ahora caigo.[40] Sie meinen das Tor zum Paradies ...

— Genau das meine ich.

— Hay muchos nombres, como en alemán. Y, como en alemán, los unos son más decentes que los otros.

— Die einen anständiger als die anderen ...

— Genau. Wobei wir jetzt anfangen könnten, darüber zu sinnieren, sogar zu diskutieren, was ein Wort anständig oder unanständig macht. ¿Sabe Usted acaso qué es lo que hace que una palabra sea decente o indecente?

— Yo creo que eso es cuestión de convenciones.

— En principio también yo lo creo, porque, ¿por qué han de ser decentes las palabras *vagina* y *vulva,* y palabras como *coño, chocho* y *pocha* han de ser indecentes?

— Bueno, no sé qué le diga. Hay que reconocer que, desde el punto de vista puramente fonético, von den reinen Lauten her, *vagina* y *vulva* suenan mejor que... ¿cómo decía Usted?

— Sí, reconozco que *vagina* y *vulva*, rein phonetisch, son palabras más elegantes que *pocha, chocho* y *coño*, por ejemplo.

— Y quizás por eso *vagina* y *vulva* son palabras decentes, mientras que *coño, pocha* y *chocho* son indecentes.

— Pero también las palabras vagina y vulva pueden ser indecentes.

— Daß selbst Fachwörter wie Vagina und Vulva unanständig klingen können? Wie meinen Sie das?

---

40   ahora caigo – jetzt ist der Groschen gefallen

— Quiero decir que palabras como vagina y vulva sólo suenan decentes si las utilizamos hablando como «especialistas», como puede ser en una conversación sobre psicología, moral, anatomía...

— ¿Cree Usted? ¿Y eso por qué?

— Porque, unabhängig davon, ob wir sie mit anständigen oder unanständigen Wörtern benennen, sind es Dinge, von denen anständige Menschen nicht ohne Not reden. Son cosas de las que comunmente no hablan las personas «decentes».

— Hombre, hoy se ha liberalizado mucho el lenguaje.

— Sí, es evidente. Pero los órganos sexuales, los genitales, siguen siendo intocables...

— Na ja, so unantastbar sind die Geschlechtsorgane wieder nicht.

— No se ponga Usted puntilloso...

— Ich werde nicht pingelig und auch nicht zickig. Es ist nur so, daß ich den Eindruck habe, daß Sie von einer anderen Wirklichkeit reden als ich. Meine Generation kennt in dieser Hinsicht sehr wenig Tabus, sprachliche schon gar nicht.

— Sí, tiene Usted razón. Usted tiene la suerte de haber crecido en una sociedad que ha superado la mayoría de los tabús sexuales, al menos los tabús verbales. Insofern, hablar abiertamente de la vagina, la vulva, el coño, el chocho... ha dejado de ser indecente, al menos para los de su generación.

— Y más aún para las generaciones que siguen a la mía. Pero dígame cómo llama Usted mismo a la vagina.

— A la vagina la llamo vagina y a la vulva la llamo vulva.

— ¿Y la ha llamado siempre así?

— ¿Siempre? No, claro, de niños no conocíamos unas palabras tan cultas como vagina y vulva. Nosotros hablábamos de la *pocha* y de la *seta*.

— ¿La seta? Der Pilz?

— Sí, supongo que la llamábamos seta porque la vulva, con sus diversos labios, tiene un cierto parecido con esos hongos que en alemán llamamos *Austernpilze*.

— En alguna ocasión me contó Usted que se llama también *almeja*...

— Sí, hablando de las almejas comentábamos en su día que una vulva tiene también un claro parecido con una almeja entreabierta...[41]

— Y no es de extrañar que la almeja, en alemán se llame Venusmuschel...

— Como tampoco es de extrañar que al órgano sexual femenino se le llame también *concha*, que en principio es die Muschelschale.

— Daher die deutsche Bezeichnung *Muschi* ...

— Sí, por eso no puedo menos de sonreír cuando oigo que alguien llama Muschi a una mujer. Stoiber, ohne mit der Wimper zu zucken, sogar in der Öffentlichkeit, nennt seine Frau *Muschi* ...[42]

— Das macht ihn mir fast sympathisch.

— Pero volvamos a lo nuestro, que son los diversos nombres que damos a los órganos sexuales, en este caso al *órgano sexual* de la mujer.

— *Organo sexual, Geschlechtsorgan.* Este es el nombre más aséptico.

— Más aséptico aún me parece hablar del *aparato sexual*. ¡Un aparato!

— Pero se habla más del órgano sexual que del aparato sexual, oder?

---

41   Besseresser I, p. 122

42   Anscheinend sind mein Gesprächspartner und ich nicht ganz richtig informiert. Als dieser Dialog fertig war, schrieb mir mein Freund Eugen Brötler: «*Musch* oder *Muschi* ist natürlich auch der generische Name für Katzen, genauer Kätzinnen – meiner und Stoibers Generation nur als solcher bekannt; denn wenn ich mich nicht irre, kam *Muschi* als Kosewort für das weibliche Geschlechtsteil erst in den 1970er Jahren auf. Wir kannten als Landratten-Kinder von den Muscheln ja nur die harten Teile. Eher schon war uns das haarige *Kätzchen* ein Begriff, das die Magd unterm Rock trägt ... Fritzchen, skeptisch wie er ist, inspiziert die Magd von unten und meint dann, nein, das sei kein Kätzchen, denn bei dem müsste das Maul waagrecht zwischen den Backen sitzen, bei der Magd aber sitze es senkrecht. – Doch wer wollte hier streiten? Ein Wort ist umso poetischer, je mehr Wurzeln es besitzt: *Muschi* von Muschel und Kätzchen. Das gilt auch für die *Pflaume*, die nicht nur die Frucht meint, sondern auch an weichen wolligen Flaum anklingt. Dagegen ist die *Zwetschge* mit *zwei*, *zwo*, *zwie* verwandt: das Klaffen der Vulva, genau wie beim englischen *twat*. Ich halte es sogar für wahrscheinlicher, dass die Frucht nach dem Organ benannt ist, statt umgekehrt.»

— Ja schon ... ¿Pero sabe Usted lo que se me acaba de ocurrir al hablar del órgano y de los órganos?

— Usted dirá.

— Que en castellano la palabra *órgano* sirve para designar das *Organ* und die *Orgel*.

— Schön! No me había dado cuenta. Pero es verdad: das Organ und die Orgel bekommen im Spanischen den gleichen Namen: órgano. Nicht zu Unrecht, denn manchmal ist das besagte Organ das schönste Musikinstrument.

— Das haben Sie schön gesagt. Y ello me recuerda un poema de Gonzalo Rojas que lleva el título de *Cítara mía*.

— Eine Zither, keine Orgel ...

— Keine *Orgel*, aber immerhin ein sehr sinnliches Musikinstrument que recuerda el *órgano* de la mujer:

Cítara mía, hermosa
muchacha tantas veces gozada en mis festines
carnales y frutales, cantemos hoy para los ángeles,
toquemos para Dios este arrebato velocísimo,
desnudémonos ya, metámonos adentro
del beso más furioso,
porque el cielo nos mira y se complace
en nuestra libertad de animales desnudos.
Dame otra vez tu cuerpo, sus racimos oscuros para que de
ellos mane
la luz, deja que muerda tus estrellas, tus nubes olorosas,
único cielo que conozco, permíteme
recorrerte y tocarte como un nuevo David todas la cuerdas,
para que el mismo Dios vaya con mi semilla
como un latido múltiple por tus venas preciosas
y te estalle en los pechos de mármol y destruya
tu armónica cintura, mi cítara, y te baje a la belleza
de la vida mortal.

— Me gusta la imagen de la cítara y me encanta el que diga que el cuerpo de la mujer es el «único cielo que conozco». Pero necesito tiempo para leer y releer el poema...

— Tiene Usted todo el tiempo del mundo. Y volveremos sobre este poema en un capítulo sobre poemas de amor.

— Está bien. Así que permítame una pregunta más bien técnica: ¿Cuál es el equivalente exacto de la palabra alemana *Scheide*?

— Rein etymologisch betrachtet ist vagina das genaue Pendant zur *Scheide*. Pero no, no son del todo equivalentes, porque, mientras *Scheide* es una palabra perfectamente alemana, normal y corriente, vagina es una palabra puramente latina y puramente culta. La palabra plenamente española sería *vaina*, que no significa Scheide en el sentido de vagina, sino en el sentido de la Scheide eines Schwertes. Por eso se dice que alguien *desenvaina* la espada, wenn er das Schwert aus der Scheide zieht.

— Die grünen Bohnen heißen auch *vainas*, si mal no recuerdo.

— Sí, wegen der grünen «Scheide», die in diesem Fall Hülse heißt. Hülsenfrüchte heißen sie ja.

— Imagínese que se llamasen Scheidenfrüchte ...

— ¡Qué cosas se le ocurren a Usted! Se está españolizando...

— Soll das ein Kompliment sein?

— Es ist eine reine Feststellung.

— Und ist das gut oder schlecht?

— Usted sabrá. Yo sólo sé que *todo se pega menos la hermosura*. Alles außer der Schönheit ist ansteckend.[43] Pero volvamos a lo nuestro, que son los nombres del órgano sexual femenino, que son infinitos y que varían según la clase social, según la edad, según el país o la región... Pero no hay en castellano nombre del órgano sexual femenino que pueda competir con la palabra mágica *coño*.

— En España...

— Sí, en España, que es lo que yo conozco un poquito, porque de América sé muy poco. Y en España apenas habrá una palabra que se utilice más que la palabra *coño*.

— Pero a mí me da la impresión de que los españoles, normalmente, cuando dicen *coño*, no saben que están nombrando el órgano sexual de la mujer.

— Tiene Usted razón. Yo mismo, cuando utilizaba la exclamación ¡coño!, no pensaba que estaba nombrando el órgano femenino. Hasta que una amiga, una argentina encantadora, de origen italiano, al oírme decir de muy mal humor: «¿Qué coño pasa aquí?», se me puso muy seria y me preguntó: «¿Qué tienes tú contra el *coño* de la mujer?» «No, nada», le respondí. «Pues entonces no utilices la palabra coño en ese tono», me repuso.

— ¿Y Usted qué dijo?

— Le dije que sí, que tiene razón. Y desde entonces ya no digo ¡coño! más que cuando quiero expresar alegría.

— ¿Por ejemplo?

— Por ejemplo, cuando me encuentro con un amigo al que hace tiempo que no he visto: «¡Coño, Carlos, qué alegría verte!»

— Coño fue una de las primeras palabras que yo aprendí en España, en mi primer curso de castellano en suelo español.

— ¿Y quién se lo enseñó?

---

43   Explico este refrán en Besserwisser IV.

— Yo oía a los españoles decir a todas horas «¡coño!» Así que le pregunté a mi profesora.

— ¿Y su profesora se puso colorada?

— No, era una profesora muy emancipada. Así que nos dio toda una clase sobre terminología sexual.

— Una profesora muy razonable. Tanto más, cuanto que el castellano, sobre todo el castellano coloquial, está plagado de alusiones sexuales. El castellano coloquial es un terreno minado.

— Tatsächlich, das Umgangsspanisch ist ein sexuelles Minenfeld. Y yo, si he de serle sincero, le diré que no me atrevo a utilizar la exclamación ¡coño!, pues nunca sé si la utilizo bien o no.

— Será mejor que siga sin utilizarla. Mientras no lleve Usted una serie de años viviendo en España, será mejor que se abstenga de palabras como coño, cabrón, joder... Aunque esto creo que ya lo he dicho alguna vez.

— Muchas veces.

— Pero seguro que aún no le he contado que en la biblioteca municipal de Stuttgart, en la sección de libros en castellano, he encontrado un libro de relatos breves que lleva el título claro y simple de *Coños*.[44]

— ¿Así, sin más?

— Asi, sin más.

— ¿Y?

— Pues nada, que el autor, un tal Juan Manuel de Prada, cuenta 54 cuentos sobre 54 coños.

— ¿Sobre 54 coños distintos?

— Sobre 54 coños distintos.

— ¿Y ese libro es autobiográfico?

— No lo creo.

— ¿Y Usted me recomienda leerlo?

— Hombre, no está mal. Pero no lo lea de una vez. Léalo con cuentagotas.

— ¿Con cuentagotas?

— Tropfenweise.

---

44   Juan Manuel de Prada: Coños. Valdemar, Madrid 1998

— Está bien.

— Pues sigamos hablando de los nombres del órgano sexual de la mujer, que también suele llamarse *conejo*.

— ¿Conejo? Kaninchen?

— Exacto.

— ¿Y eso por qué?

— ¡Vaya usted a saber! Pregunte Usted a la revista *Play Boy* por qué tiene el conejito como emblema...

— Si se me presenta una ocasión se lo preguntaré. Vorerst habe ich aber noch eine Frage an Sie: Wie nennen Sie die *Klitoris* auf Spanisch?

— El *clítoris*.

— ¿El clítoris? ¿En masculino y con el acento en la i primera?

— Sí, el clítoris, en masculino y con el acento en la i primera.

— Pero bien, *clítoris* oder *Klitoris* es una palabra puramente culta.

— Sí, puro latín. Y los latinos lo tomaron directamente del griego.

— ¿Y su etimología?

— Parece que no está clara, como en tantas ocasiones. Yo he encontrado dos explicaciones: puede ser que clítoris signifique *colina pequeña, colinita...*

— Hügelchen? No está mal.

— Sí, no está mal. Pero puede también ser que *kleitorís* proceda de *kleís-kleidós, llave...*

— ¿Llave de dónde?

— Por ejemplo llave del placer femenino...

— ¿Cómo decía Usted en otras ocasiones? *Si non è vero...*

— *Si non è vero, è ben trovato.*

— Es ist schön, die Klitoris als Lustschlüssel zu deuten, selbst wenn die Deutung, rein etymologisch, falsch sein sollte. Pero de todos modos me gusta más el nombre que le damos normalmente en alemán: *Kitzler.*

— Sí, también a mí me gusta mucho eso de *Kitzler.*

— ¿Cómo traduciría Usted *Kitzler*?

— Mejor no traducirlo. Pero si tuviera que traducirlo diría algo así como cosquillero.

— Klingt nicht so schön wie Kitzler.

— Keinesfalls. Y los sinónimos coloquiales que yo conozco en castellano, aun no estando mal, son menos ingeniosos que el *Kitzler*.

— ¿Qué sinónimos conoce Usted?

— Muy poquitos: *pepitilla, botón...*

— No están mal.

— No, no están mal. Pero ¿qué quiere que le diga? Kitzler ist mit Abstand am schönsten.

— Das ist ein tolles Schlußwort.

El obelisco

— Hoy vamos a hablar del obelisco.

— Así que no ando equivocado si supongo que vamos a hablar del pene.

— ¿Y por qué lo supone?

— Porque ya le voy conociendo a Usted y poco a poco voy aprendiendo a interpretar su lenguaje.

— Está bien. Así que no necesito explicarle el título. De modo que podemos pasar directamente a hablar de los diversos nombres que recibe el *miembro viril*, que es un modo más o menos neutro de llamarlo: *männliches Glied*.

— *Glied* ist noch nüchterner.

— Sí, también en castellano se le llama *miembro*, a secas, sin necesidad de añadir lo de viril, cuando por el contexto está claro de qué miembro se trata. Pero totalmente inequívocos son *pene* y *falo*.

— Inequívocos, also eindeutig?

— Inequívocos y decentes, also gesellschaftsfähig. *Pene* y *falo* son nombres que pueden utilizarse en sociedad.

— Auch *Penis* und *Phallus* sind gesellschaftsfähig. Anders als *Schwanz*.

— Aber Schwanz ist ganz üblich.

— Üblich schon, aber nicht gesellschaftsfähig.

— Es curioso, los equivalentes castellanos del Schwanz, *cola* o *rabo*, apenas se usan en este sentido. Nosotros, de niños, usábamos *cola* en diminutivo: *la colilla*, que equivale más o menos a lo que en el Schwabenland llamamos *Zipfele o Spitzle*. *Colilla* decíamos nosotros y *colita* decía mi madre. Estaba claro que se trataba de un inofensivo pene infantil, igual que el *pitilín*. Y más inofensiva aún era la *pilila*.

— Un inofensivo pene infantil. Schön gesagt! Ein harmloser kindlicher Penis. ¿Pero cómo llamaban Ustedes al pene adulto?

— Al pene adulto lo llamábamos *picha, chorra* o *minga*.

— ¿Picha, chorra y minga? Son palabras que no suenan muy bien.

— Sí, son palabras más bien bastas e incluso malsonantes.

— O sea que *picha* y *chorra* no son palabras para usar en sociedad...

— No. Pero eso mismo ocurre con la mayor parte de los nombres que se da al pene. Die meisten sind nicht gesellschaftsfähig.

— ¿Conoce Usted muchos?

— No, yo conozco pocos. Yo conozco *picha, chorra, minga, verga, polla, nabo, pinga, pito...*

— No son tan pocos.

— Los nombres que yo conozco son muy pocos, comparados con la cantidad de sinónimos que se encuentran en el Internet.

— Zum Phallus fällt mir gerade was ein: Phallus nennt man an sich nur den erigierten Penis, oder?

— Sí, yo también tengo entendido que el falo propiamente dicho es el pene erecto, el pene en estado de erección.

— Und wie heißt der erschlaffte Penis?

— Pene flácido o fláccido. También pene relajado.

— ¿Y en el lenguaje vulgar?

— *Flojo* o *floja*, que viene a significar *kraftlos, träge, schlaff* ... En el español coloquial hay una expresión muy simpática y muy usual: *Me la trae floja.*

— ¿Y eso qué es?

— Daß mich etwas nicht beeindruckt oder nicht interessiert.

— Wie denn?

— *Me la trae floja* bedeutet sinngemäß: *Davon kriege ich keinen Steifen.*

— Diese Spanier ...

— Por cierto, ¿se ha puesto Usted alguna vez a pensar en esta palabra: *erección*?

— Pues no, francamente no. ¿Por qué?

— Porque es una de las muchas derivaciones del adjetivo *recto*, que significa tanto *gerade* como *gerecht* bzw. *richtig*.

— ¿Y?

— No, nada. Que un pene en estado de erección es, etimológicamente, ein aufgerichteter aber auch ein aufrichtiger bzw. ein aufrechter Penis ...

— Sehr witzig.

— ¿No le gusta el juego de palabras?

— No le veo la gracia.

— No, Usted no es español. Así que dejemos los jueguecitos de palabras y volvamos a hablar en serio. Das deutsche Wort *Erektion* ist gesellschaftsfähig, lo mismo que en castellano la palabra *erección*.

— *Ja schon, aber im vertrauten Rahmen sprechen wir von einem Ständer, einem Steifen, einen Steifen kriegen.*

— En castellano decimos que *se* nos *levanta*, que *se* nos *pone tiesa*, que equivale a *steif*, o que *se* nos *pone pina*, que equivale a *steil*.

— Tiesa o pina, ¿por qué en femenino?

— Supongo que porque la mayor parte de los nombres usuales del pene son femeninos: picha, polla, minga, verga, pinga, chorra...

— Es curioso que a lo más masculino del macho se le den en castellano nombres femeninos...

— Sí, es curioso. No me había parado a pensarlo.

— Pues ya me dirá si un día le encuentra una explicación. Ahora dígame cómo se llama en castellano la parte del pene que en alemán llamamos *Eichel*.

— ¿No lo sabe Usted?

— Si lo supiera no se lo preguntaría.

— Está bien, no se me mosquee Usted.[45] Era una pregunta retórica, porque me extraña que Usted, que sabe tan bien el castellano, no sepa esto.

— Es mucho lo que sé, es verdad, pero también es mucho lo que no sé.

— Acaba de decir Usted una frase muy socrática.

— *Meinen Sie?*

— *Wenn ich es nicht meinen würde, würde ich es nicht sagen.*

— *Das ist jetzt die Retourkutsche* ... Le diré lo que Usted me ha dicho a mí: No se me mosquee. Así que repito mi pregunta: ¿Cómo se llama en castellano la parte del pene que llamamos *Eichel*?

— *Glande*.

— ¿El o la?

— *El glande*, que es puro latín y significa *bellota*, es decir *Eichel*.

---

45   mosquearse – enfadarse

— Me imagino que glande pertenece al nivel culto del lenguaje.

— Sí, claro, y según el *Diccionario Etimológico de Corominas* se introdujo en el siglo XIX.

— ¿Y cómo se dice *glande* en el lenguaje no culto?

— Yo no lo recordaba. Así que he preguntado a varios amigos españoles. Ellos me han dado varios nombres: *capullo, haba, guisante, bellota.*

— *Knospe, Saubohne, Erbse, Eichel* ... Todos ellos tomados del mundo vegetal.

— Sí, tiene Usted razón.

— Y todos ellos bastante... einleuchtend.

— Sí, todos ellos... naheliegend.

— *Capullo, Knospe,* es incluso poético.

— *Haba*, es decir *Saubohne*, es el nombre que le dábamos nosotros. Pero yo lo había olvidado.

— *Guisante* es *Erbse*. Demasiado pequeño para el tamaño real de un glande adulto.

— Y *bellota* no es más que la traducción de *glande*, es decir el equivalente de *Eichel.*

— Otra pregunta que le va a extrañar: Wie heißt die Beschneidung auf Spanisch?

— Circuncisión.

— ¿Circuncisión? Reines Latein, oder?

— Sí, latín puro. Que traducido al alemán sería Umschneidung.

— Umschneidung sería más exacto que Beschneidung, zumal auch die Bäume beschnitten werden ...

— En castellano no circuncidamos a los árboles, en castellano los podamos.

— Kommen Sie mir nicht schon wieder mit der Leier, «spanische Sprache genaue Sprache»!

— No, no, yo no digo nada. Ya se encarga Usted mismo de decirlo. Pero volvamos a hablar en serio.

— Sí, hablando en serio, dígame Usted qué opina de la circuncisión.

— ¿Quiere Usted que le diga lo que pienso?

— Si no, no le preguntaría.

— Pues le diré que la circuncisión me parece una mutilación.

— Eine Verstümmelung?

— Sí, una mutilación.

— Pero el islam y el judaísmo, dos de las grandes religiones, imponen a sus creyentes la circuncisión...

— ¿Y?

— Que me parece muy duro decir que todos los musulmanes y todos los judíos están mutilados.

— Lo que a mí me parece duro es el hecho de que estén mutilados y no el decirlo.

— Pero dicen que la circuncisión tiene ventajas higiénicas...

— Se puede tener un pene limpio sin estar circuncidado.

— Y también hay quienes dicen que un pene circuncidado produce más placer sexual que un pene no circuncidado.

— Y hay también quien dice lo contrario.

— ¿Entonces?

— ¿Entonces qué?

— ¿Que qué pensar de la circuncisión?

— Piense Usted lo que le dé la gana. Yo pienso que es un arcaísmo, una mutilación innecesaria hoy, porque hoy las condiciones higiénicas, como le acabo de decir, permiten mantener un pene limpio sin necesidad de mutilarlo. Y pienso que la circuncisión ritual es un acto humillante. Y humillante me resulta aquel pasaje de la Biblia en que Dios impone a Abrahán que se circuncide y circuncide a todos los varones de su casa como condición y como señal del pacto entre Dios y Abrahán: «así estará marcada mi alianza en vuestra carne...»[46] Me recuerda a los ganaderos que en las películas del Oeste marcaban a fuego a su ganado.

— In der Tat erinnert das an die Viehzüchter, die ihre Kühe brandmarkten.

— En este texto de la Biblia las personas son tratadas como ganado.

— Die Menschen als Vieh. Ein hartes Wort.

— Hart aber berechtigt!

---

46   Gen 17,13

— Sí, sí; duro pero justificado. Aber mich stört nicht nur diese Identifikation der Menschen mit dem Vieh. Si yo creyera en Dios, en un Dios creador, me resultaría contradictorio que ese Dios por una parte construya un pene con *Vorhaut* ...

— ...con *prepucio*.

— Danke! Me resultaría contradictorio que ese Dios por una parte construya un pene con prepucio y por otra parte a sus «elegidos» les obligue a cortarse el prepucio que él mismo les ha dado.

— Y tiene Usted razón al pensar así. Es un asunto irracional e incluso perverso. Pero bien, las religiones están plagadas de irracionalidades e incluso de perversidades.

— Pero en su día la circuncisión pudo tener una finalidad bastante racional: evitar la suciedad y las infecciones del pene...

— Pero aquellos tiempos hace ya mucho que pasaron. Aquel ritual que un día pudo tener su utilidad ha perdido hoy su sentido práctico.

— ¿Y por qué cree Usted que sigue manteniéndose? ¿Por pura inercia cultural?

— Puede ser. Pero ¿quiere que le diga cuál es mi sospecha?

— ¡Claro!

— Pues le diré que me pregunto si la circuncisión no tendrá un algo de castración.

— ¿De castración real?

— De castración en parte real y en parte simbólica. En el psicoanálisis es ésta una idea corriente.

— ¡En el psicoanálisis! Was Sie nicht sagen! ¿Y qué se pretende con esa castración simbólica, wenn ich bitten darf?

— Con esa castración en parte simbólica y en parte real se pretende evitar que el hijo se convierta en rival sexual del padre.

— Abenteuerlich.

— Abenteuerlich? Pues siga escuchando: Con la circuncisión se castiga a los hijos por desear libidinosamente a la madre.

— Ödipus läßt grüßen!

— Grüßen Sie zurück!

— Pero bien, pasemos a otro asunto.

— No sin antes haber dejado bien claro que la circuncisión, como rito, es un arcaísmo innecesario, humillante y salvaje.

— Entonces ¿qué dirá usted de la ablación?

— Le diré que la ablación, mal llamada circuncisión femenina, es una costumbre insana, torpe, absurda, cruel, contraproducente, salvaje, inmensamente más salvaje y más humillante que la circuncisión. Una aberración.

— Bien, en eso estamos de acuerdo.

— Immerhin.

— ¿Cómo decíamos *immerhin* en castellano?

— Menos mal.

— ¿Menos mal?

— Sí, menos mal.

— En lo que supongo que no estaremos de acuerdo es en el famoso *Penisneid* freudiano.

— No lo sé. Dígame primero qué opina Usted del *Penisneid*.

— Dígame Usted primero cómo se dice *Penisneid* en castellano.

— Del *Penisneid* no hablan las personas normales y corrientes, ni en España ni en Alemania, así que las personas normales y corrientes no necesitan una palabra ni castellana ni alemana. Del *Penisneid* hablan sólo los entendidos, y los entendidos de habla española me parece que utilizan la palabra alemana. Y si la traducen, me parece que la traducen al pie de la letra: *envidia del pene*.

— ¿Y qué opina Usted de la *envidia del pene*?

— Que, a pesar de que respeto mucho a Freud, no conozco a ninguna mujer que nos tenga envidia a nosotros los hombres por ese apéndice, por ese colgajo que llamamos pene.

— No sé qué le diga. Puede que no nos envidien por el colgajo como tal. Pero estoy seguro que más de una mujer nos envidia por la libertad de movimientos que nos da a los hombres el pene.

— ¿Libertad de movimientos?

— Me refiero a que los hombres podemos orinar de pie, mientras que las mujeres tienen que agacharse, en una postura que las hace indefensas y hasta las humilla.

— So gesehen ...

— Es más, yo pienso si no habrá mujeres que nos envidien por el papel agresivo o al menos activo que nos proporciona el pene, el pene erecto. Y en ese sentido yo le daría la razón a Freud.

— Pero yo no conozco a ninguna mujer que diga tener *Penisneid*.

— Na ja! Supongo que Freud dice que esa envidia pertenece al subconsciente...

— Yo también lo supongo. Pero he de confesarle que me cuesta creer que las mujeres sufran, aunque no sea más que en el subconsciente, por no tener pene. En cambio lo que sí me parece claro es que hay muchos hombres que sufren de *Penisneid*.

— Wie meinen Sie das?

— Que no me cuesta creer que haya muchos hombres que no están contentos con el tamaño de su pene.[47]

— Eso me parece lo más normal del mundo. Para muchos machos el grado de virilidad se mide por el tamaño del pene.

— Aunque los entendidos dicen que el placer sexual, tanto del hombre como de la mujer, no depende del tamaño del pene...

— Sí, eso dicen que dicen.

— ¿Y Usted qué dice?

— Que no me creo todo lo que se dice.

— Yo tampoco.

— Pero dejemos esto del *Penisneid* y permítame una pregunta.

— Todas las preguntas que Usted quiera.

— ¿Es cierto que al miembro viril se le llama también *carajo*?

— Pues sí. Y le confesaré que yo tardé muchos años en enterarme de ello. Yo escuchaba a todas horas la exclamación «¡carajo!», una exclamación muy corriente que expresa admiración, y no tenía ni idea de que *carajo* es uno de los nombres más corrientes del pene.

---

47 Mein Freund Eugen Brötler weist mich auf Folgendes hin: «Dass der Penisneid nicht nur bei Frauen vorkommt, ist kein Witz von mir, sondern einer von Woody Allen. Und zwar legt ihn Allen seiner Figur Zelig (im gleichnamigen Film von 1983) in den Mund. Leonard Zelig, ist ein New Yorker Jude, Sohn askenasischer Einwanderer. Zelig erfindet sich neu als Freudschüler und Emigrant aus Wien. Um sich zu authentifizieren erzählt er – ganz beiläufig auf einer Cocktail Party – die Geschichte von seiner Kontroverse mit Freud über den Penisneid und wie der Meister ihm endlich recht gegeben habe.»

Y, como ya creo haberle dicho, también tardé bastantes años en enterarme de lo que significa de verdad la exclamación «¡coño!».
No me lo creía.
— Usted era muy inocente...
— No muy, pero bastante.

Días después de mantener esta conversación encontré en El País la noticia siguiente:

«La Organización Mundial de la Salud (OMS) y el Programa de la ONU contra el Sida (ONUSIDA) han recomendado hoy, por primera vez, la circuncisión masculina como una vía adicional para luchar contra el VIH (HIV) en el caso de los hombres heterosexuales. Esta cirugía podría evitar 5,7 millones de nuevos casos y tres millones de muertes en 20 años en el África subsahariana. El organismo recuerda, no obstante, que se trata de una medida complementaria y en ningún caso supone una protección total frente al virus del sida.
Tres ensayos clínicos realizados en Kenia, Uganda y Suráfrica, entre una población de casi 10.000 hombres de entre 15 y 49 años, han aportado pruebas convincentes de que la circuncisión masculina reduce en casi el 60% el riesgo de contraer esa infección por vía heterosexual, ha dicho hoy en Ginebra Susan Timberlake, especialista de la OMS.
En la actualidad, según datos de la OMS, hay 665 millones de hombres circuncidados, esto es, el 30% de la población masculina mundial.» (El País, 28.03.07)

Como soy una persona relativamente honrada, le enseñé el artículo a mi amigo e interlocutor. El lo leyó, y a medida que lo iba leyendo, iba dibujándose en sus labios un gesto irónico. Al terminar, me preguntó lacónicamente mirándome a los ojos:
— ¿Y?
— ¿Y qué?
— Que Usted ¿qué dice?
— ¿Qué quiere Usted que diga?

111

— Yo qué sé. Eso lo sabrá Usted.

— Pues le diré que sigo pensando que la circuncisión es una mutilación.

— Pero por lo visto esa mutilación puede ser muy beneficiosa...

— Sí, por lo visto.

— ¿Y eso no le hace cambiar de opinión?

— Ni mucho menos.

— Pero eso demuestra que la circuncisión puede ser una cosa buena.

— No, no. Una cosa buena, no. A lo sumo un mal menor.

— Ein kleineres Übel?

— Sí, un mal menor.

— Immerhin.

— Sí, casi todo es relativo.

— ¿No todo?

— No, todo no.

— Pero la circuncisión sí es una cosa relativa...

— Sí, eso parece. Así que dejémoslo.

— No podemos terminar así un capítulo.

— Tiene Usted razón. Un capítulo sobre el obelisco más importante del mundo no podemos cerrarlo así. De modo que, para terminar, voy a contarle un refrán.

— Ich bin gespannt. Soy todo oídos.

— Usted recuerda que el pene se llama también la polla.

— Sí me acuerdo.

— Pues hay un refrán muy sabio que dice:

> Donde tengas la olla
> no metas la polla.

— Moment! La olla, der Kochtopf ... Donde tengas la olla... No caigo.

— Donde tengas la olla quiere decir donde te ganes el cocido.

— Verstehe ich auch nicht.

— Wo du deinen Lebensunterhalt verdienst...

— Also da, wo ich arbeite...

— Ja, sozusagen. ¿Entiende ahora? Donde tengas la olla, es decir, en el lugar, en la empresa donde trabajes, no metas la polla...

— Meter la polla, den Schwanz stecken...

— ¡Exacto!

— Ah, ahora caigo: Donde tengas la olla no metas la polla. Es decir, no tengas relaciones sexuales con colegas. Un consejo muy sabio.

— Sí, un consejo muy sabio.

— Ahora sí que podemos terminar el capítulo.

— Sí, ahora sí.

Von Warzen, Knospen und Knöpfen

— Ein Wort verzeihe ich der deutschen Sprache nicht.

— Und das wäre?

— Das Wort Brustwarze.

— Und warum?

— Wie kann man die schönste Knospe der Natur als Warze bezeichnen? ¡Verruga!

— ¿Y cómo se llama en castellano?

— Pezón.

— Klingt nicht viel besser.

— No. Aber immerhin. Imagínese Usted que, en lugar de pezón, dijéramos «verruga del pecho»...

— Horribile dictu!

— Horrible de decir y mucho más horrible de ver. Imagínese que las mujeres, en lugar de esos dos capullos que llevan en el pecho, llevaran dos verrugas.

— Zwei Warzen auf der Brust? Ne! Lieber stelle ich mir so was nicht vor.

— Pero no, aunque los alemanes a esos dos capullos los llamen Warzen y los españoles les digan pezones, no son ni Warzen ni pezones, sino Knospen, es decir capullos. Y para llamarlos capullos cuento con el apoyo de uno de los mayores poetas alemanes, por no decir del mayor.

— ¿De quién?

—¿De quién va a ser? De Heine. No me diga Usted que no se acuerda.

— Pues no.

— Es parte de un poema que lleva el título *Das Hohelied*.

— Tengo un recuerdo más bien difuso de ese poema.

— Sie enttäuschen mich. Ausgerechnet an dieses Gedicht haben Sie eine diffuse Erinnerung ...

— Is schon gut! Verraten Sie es mir endlich mal!

— Bien, en aquel poema en que Heine nos cuenta que el cuerpo de la mujer es un poema que Dios compuso, «als ihn der Geist getrieben», a los pezones los llama muy acertadamente «der Brüstchen Rosenknospen»:

Der Brüstchen Rosenknospen sind
Epigrammatisch gefeilet;
Unsäglich entzückend ist die Zäsur,
Die streng den Busen teilet.

— Rosenknospen ¡Süß!

— Así que yo propongo aquí, daß die deutschsprechenden Männer systematisch das Wort Brustwarze boykottieren y que los hispano-parlantes se nieguen sistemáticamente a utilizar la palabra pezón.

— ¿Y en su lugar?

— Knospen y capullos. O también botones, botoncitos.

— Knöpfle?

— Sí, botoncitos.

— Wo haben Sie das wieder her?

— Nada menos que Corominas, en su *Diccionario Etimológico*, al explicar lo que es un pezón, dice que es «el botón de la teta».

— Es bonito: *Tittenknopf*. Auf jeden Fall besser als Brustwarze. Aber *Nippel* wäre auch keine schlechte Alternative.

— Nippel? Nie gehört. Der, die, das Nippel?

— Der Nippel.

— Der Nippel ... Ich könnte mich damit anfreunden.

— Allerdings kann Nippel auch Penis bedeuten.

— Tatsächlich?

— Ja, leider.

— Bleiben wir also beim Tittenknopf oder bei der Tittenknospe. Wobei Titte etwas gröber klingt als *teta*. La palabra *teta*, en privado, es muy normal, aunque en público no resulte muy elegante.

— Ni en público ni en la «buena sociedad», supongo.

— Eso es. En público y en la «buena sociedad», no se habla de las tetas; se habla del pecho.

— Que equivale a die Brust.

— Sí, pecho equivale a Brust; pero el plural, *los pechos*, ya no es tan «decente» como el singular. Hablar de los pechos de una mujer es más sensual y por tanto menos decente que hablar del pecho.

— Auch im Deutschen klingen *die Brüste* sinnlicher und deswegen auch weniger fein als *die Brust*. Vielleicht deswegen, weil die Brust auch die Brust des Mannes meinen kann, während nur die Frau Brüste hat. Obwohl es Männer gibt ...

— Sí, puede ser. También en castellano *el pecho*, en singular, puede ser el pecho de un hombre o de una mujer; mientras que *los pechos*, en plural, son siempre los pechos de una mujer.

— Y quizás por eso sean los pechos, en plural, más sensuales que el pecho, en singular.

— Sí, eso parece claro. De todos modos, hay quienes evitan no sólo hablar de los pechos sino incluso del pecho de una mujer, y en su lugar hablan del *seno* o de los senos.

— Que supongo que equivale al *Busen* alemán. Aunque bueno, el Busen no admite plural...

— No, no, el seno no equivale del todo al Busen. El seno es una palabra mucho menos sensual que el Busen en su sentido actual, que incluso es más sensual que Brust.

— Wobei das Wort Busen früher eine völlig unsinnliche Bedeutung hatte.

— Sí, bei den Klassikern hatten Busen und Brust einen eher geistigen Sinn, so was wie die Innerlichkeit. Leyendo el otro día a Schiller, no pude menos de sonreír al ver cómo varias veces ponía en boca de la mismísima Juana de Arco la palabra Busen y Brust, pero no en el sentido de las tetas, sino en un sentido que hoy llamaríamos das Herz.

— Pero hoy, *der Busen* meint eindeutig die Brüste.

— Sí, por eso le decía que *el seno*, en castellano, tiene una resonancia mucho menos sensual que *der Busen* alemán. En plural, *los senos* sí suenan con más intensidad sensual. Pero en realidad el seno es en primer lugar *der Schoß*, tanto del hombre como de la mujer. *El regazo*.

— Y en trigonometría, seno significa Sinus, oder? Sinus und Cosinus.

— Sí, el seno y el coseno.

— Sollen wir also sagen, daß die trigonometrische Benutzung des Wortes *seno* die Trigonometrie sinnlich macht, oder ist es eher so, daß dadurch die Sinnlichkeit trigonometrisch wird?

— Pues no lo sé. No sé si al hablar de senos trigonométricos estaremos sensualizando a la trigonometría o si estaremos trigonometrizando a la sensualidad.

— Sollen wir uns also einen trigonometrischen Sinus als eine Frauenbrust vorstellen, oder sollen wir uns eine Frauenbrust als einen trigonometrischen Sinus vorstellen?

— Yo prefiero ver en un seno trigonométrico un pecho de mujer.

— Una teta.

— Sí, una teta. Y eso me recuerda que, cuando queremos decir que algo sabe muy bien, decimos que *sabe a teta*.

— Das ist mir nicht neu. Auch ich kenne im Deutschen den Ausdruck: «Das schmeckt wie Titte.»

— No me diga.

— Le digo.[48]

— ¿Y cree Usted que, al decir que algo sabe a teta, estamos refiriéndonos al placer infantil de mamar o al placer erótico que proporciona el pecho de una mujer?

— Ich habe mich schon immer gefragt, ob die erotische Kraft des Busens auf das Vergnügen des kindlichen Saugens zurückgeht ...

—Imagino que sí. Pero supongo que eso no es todo, porque el pecho de la mujer es un órgano sensibilísimo que reacciona con gran intensidad ante las caricias. Y claro, el placer de la mujer al ser acariciada se transmite y contagia a quien la acaricia.

— Ja, das ist klar, die Brust der Frau ist ein höchst empfindsames Organ, das höchst intensiv reagiert, wenn es liebkost wird. Und der Genuß, die Lust der Frau steckt die liebkosende Person an ... Lust ist wie Feuer, springt über, steckt an!

— Sí, el placer es un fuego que se contagia. De todos modos, uno de los muchos enigmas que me gustaría descifrar algún día es el de

---

48 Lo pueden ver en el *Illustriertes Lexikon der deutschen Umgangssprache*. Klett, Stuttgart 1982.

por qué los pechos, las tetas de una mujer nos fascinan tanto a los hombres.

— Ya comentamos antes que nos evocan el placer infantil de mamar...

— Sí, sí, pero según eso las tetas tendrían que fascinar igualmente a las mujeres, porque también a ellas les dieron de mamar sus madres.

— Sí, es verdad. Y de hecho tengo entendido que también a las mujeres las atraen los pechos de otra mujer. Quiero decir que las atraen eróticamente, sin que por ello sean lesbianas.

— Pero yo no creo que las fascinen como nos fascinan a los hombres.

— No, yo no lo creo tampoco. Ya hemos comentado que a los hombres quizás se nos transmita el placer que la mujer siente cuando le acariciamos los pechos...

— Sí, sí, pero las tetas de las mujeres nos fascinaban ya de jóvenes, aun antes de tener la experiencia de acariciarlas...

— Puede que la explicación sea más sencilla. Puede que estemos programados así, simplemente.

— ¿Programados?

— Sí, porque es evidente que estamos programados para reaccionar sexualmente frente a la hembra, y los pechos son casi lo más distintivo de la hembra, beinahe das eindeutigste Merkmal der Weiblichkeit. Así que el que reaccionemos fascinados ante los pechos de la mujer sería parte de nuestra programación biológica...

— Sie mögen recht haben. Pero, sea cual fuere la explicación, el hecho es que los pechos de la mujer ejercen sobre nosotros un poder mágico.

— Sí, yo también diría que los pechos de una mujer son irresistibles.

— Muy bien dicho: los pechos de la mujer son irresistibles. Unwiderstehlich! Entwaffnend! Ya lo dice un refrán que me contó mi amiga Cristina:

Más pueden dos tetas
que dos carretas.

— Moment! Dos carretas, also zwei Karren ...

— Sí, zwei Ochsenkarren.

— Also: Zwei Brüste können mehr, sind stärker als zwei Ochsen.

— Zwei Brüste ziehen am Mann stärker als zwei Ochsen.

— No está mal la imagen. Un poco burda, pero expresiva. Porque no cabe duda de que dos tetas nos desarman, sie entwaffnen uns regelrecht.

— Por cierto que el tamaño de las tetas no es lo más importante. Su sensibilidad no parece depender de su tamaño. Aunque normalmente los hombres preferimos los pechos voluminosos. Al menos Usted y yo, oder?

— Sí, sí. Pero por lo visto la sensibilidad de los pechos no parece depender de su tamaño. Y lo mismo parece ocurrir con el pene.

— Hay incluso algunas expresiones que parecen indicar que no es necesariamente más atractiva una mujer de grandes tetas. Me refiero a varias expresiones que se aplican a las mujeres de grandes pechos: *tetona, tetuda, pechugona...* Son expresiones de una resonancia claramente negativa.

— Yo alguna vez he oído hablar de la pechuga...

— Sí, la palabra *pechuga*, que en realidad significa el pecho de un pájaro, se suele aplicar también, irónicamente, al pecho de una mujer cuando es un pecho más bien generoso.

— ¿Generoso? Großzügig?

— Sí, en mi tierra, un pecho más bien voluminoso se llamaba irónicamente *pechuga*, y de la mujer de pechos voluminosos decíamos que era *pechugona*. Cuando uno de mis hermanos dejó a una novia que a mí me resultaba muy atractiva, entre otras cosas por su pecho generoso, él me dijo: «No, a mí no me gustan las pechugonas.»

— Ya ve Usted. Así es la vida. Ya nos dice el refrán que *de gustos no hay nada escrito*.

— Realmente, acerca de los gustos no hay normas universalmente válidas, ni siquiera para definir el atractivo de una mujer. En cambio sí que hay normas válidas para definir la belleza del hombre.

— ¿Sí?

— Recuerde aquel otro refrán que dice que *el hombre y el oso, cuanto más feo, más hermoso.*[49]

— Déjese de bromas y dígame cómo llaman Ustedes al BH.

— Sostén, sujetador. Ya sabrá Usted que sostener y sujetar significan stützen ...

— Beleidigen Sie mich nicht!

— Era una broma. Por cierto, le contaré que mi mujer me suele tomar el pelo aun hoy día, recordándome la cara que puse la primera vez que ella me habló del BH. Yo pensaba que me estaba hablando de una marca de tabaco.

— Ah ja, HB!

— En aquel entonces yo conocía muy bien el lenguaje de la teología, pero ¿de qué iba yo a saber yo que *BH* es la abreviatura de *Büstenhalter*? Ni siquiera conocía yo la palabra Büstenhalter.

— Nein?

— Nein! Ich kannte sehr wohl die Dreifaltigkeit, die Fleischwerdung Gottes, die Erlösung, die Unfehlbarkeit, die Offenbarung ..., aber ein Büstenhalter war mir nie über den Weg gelaufen.

— Pero Usted conocía ya las palabras *sostén* y *sujetador...* que no son palabras muy teológicas que digamos...

— Sí, yo conocía las palabras sostén y sujetador, e incluso había visto algunos sostenes y sujetadores, porque hasta los once años viví en casa de mis padres, conviviendo con mis dos hermanas, que eran y son diez años mayores que yo. Y aunque eran muy púdicas,[50] de vez en cuando había la oportunidad de ver algo, bien poco, pero algo.

— Si Usted hoy fuera niño y tuviera hermanas mayores, seguro que tendría la oportunidad de ver mucho más...

— Sí, siempre he dicho que mi generación nació demasiado pronto.

---

49 Explico ambos refranes en Besserwisser IV.

50 púdico – pudoroso – schamhaft

Los huevos

— Usted sabe que los huevos juegan en España un papel muy importante.

— Sí, sin huevos no habría tortilla de patatas.

— So kann man es auch sehen. Aber ich meine es etwas anders ...

— Ah, claro. Sie meinen die anderen Eier.

— Sí, me refiero a los otros huevos, oficialmente llamados testículos, pero más comunmente llamados *huevos*.

— Auch im Deutschen heißen sie offiziell *Hoden* und inoffiziell *Eier*.

— Ich weiß, ich weiß.

— Así que Usted, que tanto sabe, sabrá decirme de dónde viene la palabra *testículo*...

— Pues sí, lo sé. Y le diré que la etimología de *testículo* es una de las etimologías más divertidas que conozco.

— Usted dirá.

— La palabra *testículo* me recordaba siempre la idea de *testigo*, que viene del latín *testis*. Así que *testículo* me sonaba al diminutivo de *testis*. Es decir que *testículo* me sonaba a *testiguillo, kleiner Zeuge* ...

— ¿Y?

— Que yo no me fiaba de mi intuición, porque en esto de las etimologías es muy fácil engañarse.

— ¿Y?

— Que miré en el *Diccionario Etimológico de Corominas* y quedé sorprendido al ver confirmada mi sospecha. Corominas dice que la palabra *testículo* en castellano está documentada desde el año 1490, que viene del latino *testiculus* y que, al derivarse de *testis*, significa «propiamente *testigo de la virilidad*».

— Interesante und naheliegend: Die Hoden sind tatsächlich Zeugen – nicht immer gar so kleine! – der Männlichkeit. Was mich wiederum zu der Frage verleitet, ob *zeugen* und *bezeugen*, also *Zeugender* und *Zeuge* etymologisch verwandt sind.

— Eine interessante Frage. Gucken wir nach! Also, nein, der Kluge ist diesmal enttäuschend. *Das Zeugen* hat anscheinend mit *Zeug* zu tun, der *Zeuge* aber nicht. Ein *Erzeuger* ist also doch kein *Zeuge* ...

— Obwohl das Zeugen ein unmißverständliches Zeugnis der Männlichkeit ist.

— Wir befinden uns in einer Sackgasse. Also raus und zurück zu den Eiern!

— Usted comentaba alguna vez que apenas habrá en castellano una palabra más equívoca que huevo.[51]

— Sí, ya el simple hecho de pasar del singular *huevo* al plural *huevos* transforma radicalmente el sentido de esta palabra mágica. Imagínese Usted que, en lugar de hablar del huevo de Colón, habláramos de los huevos de Colón...

— Sí, pero yo supongo que esa ambigüedad de la palabra huevo es sobre todo cosa del castellano, donde casi todo tiene un doble sentido, generalmente sexual.

— Puede ser. Pero el alemán también se permite sus jueguecitos con la palabra *Ei*. Mein *Lexikon der deutschen Alltagssprache* registriert sage und schreibe 119 verschiedene Ausdrücke, in denen das Ei mit den unterschiedlichsten Bedeutungen vorkommt. Y 24 de esas expresiones tienen sentido sexual o al menos genital.

— Eier gleich Hoden. An sich ziemlich naheliegend.

— Sí, no hace falta esforzar demasiado la imaginación para comprender esa metáfora. Pero volvamos al principio, porque hemos olvidado algo fundamental. Yo le decía al principio que la palabra oficial es *testículos* y la palabra comunmente empleada es *huevos*.

— ¿Y no es así?

— Sí y no, porque tanto o más que de los huevos se habla en España de los *cojones*, palabra mágica si las hay.

— ¿Tan mágica como *coño*?

— Tanto o más.

— ¿Y la etimología de *cojón*?

— Del latín, como casi siempre: *coleo-coleonis*. Que por lo visto en un principio designaba la bolsa...

— Den Hodensack?

---

51   Besseresser I, p. 61

— Sí, que en castellano culto llamamos el *escroto*.

— ¿Escroto? ¡Qué mal suena!

— ¡Qué le vamos a hacer! La culpa la tiene el latín, el latín tardío, que a esa bolsa de los cojones la llamaba *scrotum*.

— ¿Y no hay algún sinónimo que suene mejor?

— Yo no conozco más que *envoltura testicular*.

— Eso no es un sinónimo, eso es una definición.

— No importa, porque, en realidad, cuando un español habla de los cojones, está refiriéndose al conjunto, es decir a los huevos y a la bolsa que los envuelve. Así que déjeme que pase a contarle que del sustantivo mágico *cojón* se deriva el adjetivo mágico *cojonudo*.

— Weiß ich schon längst.

— No me extraña. Denn, müßte ich das Wort küren, welches in Spanien noch unverzichtbarer ist als jedes andere noch so unverzichtbare Wort, würde ich keine Sekunde zögern. Meine Wahl würde auf *cojonudo* fallen. Ob Sie meine Wahl teilen?

— Kann ich nicht sagen, denn ich bin im Spanischen nicht so tief drinnen wie Sie.

— Pero sí me podrá decir cómo traduce Usted *cojonudo* al alemán...

— Natürlich nicht *hodenhaft* ...

— Um Gottes Willen! Aber es hat natürlich mit den Hoden zu tun, primär mit denen des menschlichen Männchens. Wenn wir uns also an die primäre Bedeutung des Wortes *cojón* und an die Resonanz der Endung *-udo* halten, dann kämen wir der Bedeutung von *cojonudo* mit folgender Umschreibung nah: *reichlich mit Hoden ausgestattet.* Und weil die *cojones* das Wertvollste und Edelste sind, was ein männlicher Mensch besitzen kann, es un hombre *cojonudo* ein herrlicher, ein wunderbarer, ein toller Mann. Und weil das Wertvollste des Mannes auch das Wertvollste der ganzen Schöpfung ist, wird alles Wunderbare, Herrliche, Tolle, ob Mensch oder Tier, Pflanze oder Ding, *cojonudo* genannt. Incluso decimos, saltándonos a la torera[52] la evidente contradicción biológica, que una mujer estupenda, una gran mujer, es una mujer cojonuda.

— Ustedes los españoles tienen una relación fetichista con los cojones.

— Fetichista y sacral. No sé si me creerá Usted si le digo que yo he oído decir lo siguiente: «Tiene más cojones que Dios.»

— Así que Dios es cojonudo...

— Sozusagen.

— Beim Gott Jupiter stimmt es allerdings wortwörtlich ...

— Sí, Júpiter tenía unos cojones tan activos como fecundos...

— Pero el Dios bíblico es asexuado.

— Ja, der biblische Gott, obwohl männlich, ist geschlechtslos, hodenlos sozusagen.

— Una contradicción.

— Una de las muchas contradicciones de nuestras grandes religiones.

— Nos hemos puesto muy serios.

— Pues dejémoslo por hoy y vamos a comer.

— Hoy le invito yo. ¿Qué le parece?

— Me parece una gran idea.

— ¿Una idea cojonuda?

— Sí, una idea cojonuda.

---

52 *Saltarse a la torera* es una de las muchas expresiones que tienen que ver con la tauromaquia y equivale más o menos a *sich um etwas nicht scheren.*

El calor animal

— Meinen Sie die animalische Wärme?

— Sí, me refiero al calor animal.

— No suena muy bien.

— ¿Por qué?

— Por lo de animal: animalisch, tierisch.

— Los animales tienen muy mala prensa. Inmerecidamente.

— Unverdienterweise?

— Sí, inmerecidamente, porque quien merece mala prensa es sobre todo el animal humano, que suele ser el menos humano de los animales.

— Wieder übertreiben Sie.

— ¿Cree Usted que exagero? El animal humano se comporta a menudo como una bestia, más bestial que cualquiera de los animales.

— A veces. Pero normalmente das menschliche Tier ist verhältnismäßig human.

— Sí, el animal humano suele ser relativamente humano. Pero cuando le da por ser bestial, es más bestial que la más bestial de las bestias.

— ¿Y eso por qué será?

— Quizás eso se deba a que, cuanto más complejo es el cerebro de un animal, tanto más refinada, es decir tanto más perversa es su capacidad de hacer el mal.

— Meinen Sie wirklich, daß die Kapazität, Böses zu tun, zunimmt, je komplexer das Gehirn ist?

— Es sieht fast so aus. Allerdings hay que añadir que al cerebro de un animal humano emocionalmente satisfecho no se le ocurre idear perversidades. Es más, cuanto más complejo el cerebro de un animal, tanto más refinada su capacidad de hacer el bien, siempre y cuando sea un animal emocionalmente satisfecho.

— Und die Folge?

— Que el único camino para humanizar al animal humano es hacer que viva emocionalmente satisfecho.

— Was Sie nicht sagen ...

— Sí, ya sé que es éste un problema muy complejo. Pero por algún sitio hay que empezar. Y yo pienso que hay que comenzar por eso que llamamos calor animal: hacer que a nadie le falte el calor que llamamos animal.

— ¿Qué entiende Usted por calor animal?

— El calor que produce nuestro cuerpo, el calor corporal que es vida y que da vida, el calor que irradiamos, el calor que nos damos unos a otros estando juntos, estando cerca...

— Hautnah?

— Sí, ese es el mejor modo de transmitirnos calor animal: hautnah, piel con piel.

— ¿Con o sin sexo?

— Con sexo y sin sexo. Depende del tipo de relación.

— Imagino que la transmisión más intensa de calor animal tiene lugar en el vientre de la madre...

— Imagino que sí. El vientre de la mujer, el regazo de la mujer es el lugar más bellamente cálido del universo...

— Der warme Schoß einer Frau ...

— El vientre, que también se llama regazo. El cálido regazo de una mujer. El vientre cálido de la madre y el vientre cálido de la mujer amada, ese vientre de su querida Josefina que cantó Miguel Hernández:

Menos tu vientre
todo es confuso.[53]

Menos tu vientre
todo es futuro
fugaz,[54] *pasado,*
baldío,[55] *turbio.*[56]

---

53 confuso – unscharf, undeutlich, verwirrt
54 fugaz – flüchtig
55 baldío – yermo – unfruchtbar
56 turbio – trübe

Menos tu vientre
todo es oculto,
menos tu vientre
todo inseguro,
todo postrero,[57]
polvo sin mundo.

Menos tu vientre
todo es oscuro,
menos tu vientre
claro y profundo.[58]

— Pero bien, Usted ha dado un salto enorme del calor animal de la madre al calor de la mujer amada. Déjeme que vuelva a la niñez.

— Con mucho gusto le dejo a Usted que vuelva a la niñez, pues tengo la sensación de que Usted tuvo una niñez apacible y hasta feliz.

— Sí, apacible, y por consiguiente feliz.

— ¿Con mucho calor animal?

— Con mucho Körperkontakt con mi madre. Y esas sensaciones las llevo muy grabadas. Yo creo que de niños somos especialmente sensibles al intercambio de calor animal, sobre todo con el cuerpo de la madre, claro, pero no sólo con ella.

— Sí, sobre todo con el cuerpo de la madre, pero no sólo con ella. Yo, por ejemplo, sigo recordando, a mis años, el calor del cuerpo de mis padres en la cama.

— ¿El calor del cuerpo de sus padres en la cama?

— Mis padres dormían en la misma cama, y yo a veces, de niño, a la mañanita, me metía en su cama, entre los dos, gozando del calor de sus dos cuerpos.

— Beneidenswert.

---

57 postrero – ganz hinten in der Reihe

58 Es el poema 63 de *Cancionero y romancero de ausencias*.

— Sí, francamente envidiable. Pero yo recuerdo, como lo más bello de mi infancia, el calor animal que nos dábamos los hermanos en la cama, en aquellas noches frías del invierno castellano.

— ¿Ustedes dormían juntos?

— Sí, dormíamos dos en la misma cama, bajo la misma sábana y bajo las mismas mantas. Y en invierno nos acurrucábamos bien arrimaditos para darnos calor.

— Calor animal con cariño pero sin sexo.

— Lo ha dicho Usted muy bien: calor animal con cariño pero sin sexo. Una vez incluso – supongo que tendríamos visita de parientes y que tuve que ceder a alguien mi sitio en mi cama – me tocó dormir en la cama de mis hermanas, con mis hermanas, en medio de las dos.

— ¿Qué edad tenía Usted y qué edad tenían sus hermanas?

— No lo sé a ciencia cierta, pero supongo que yo andaría por los siete años, lo cual quiere decir que mis hermanas tendrían alrededor de los diecisiete. Así que aquella noche me tocó dormir entre mis dos hermanas. Y hoy, unos sesenta años después, sigo recordando aquel contacto, aquel calor animal tan distinto, tan superior al que nos proporcionábamos mutuamente los hermanos varones. Han pasado casi sesenta años y sigo sintiendo aquella noche con el calor tibio de piel femenina. Que no hay mejor remedio contra el frío y las penas ni nada más bello y placentero que la piel de la mujer.

— Con y sin sexo.

— Sí, con sexo y sin sexo. Pero claro, una vez que somos adultos, el contacto más bello con la piel femenina es el contacto erótico, la forma más bella de calor animal es la que va unida al sexo: el calor animal que precede al sexo, el que acompaña al sexo, el que sigue al sexo.

— Piel con piel hasta el extremo de la fusión sexual.

— Muy bien dicho. Piel con piel hasta el extremo de la fusión sexual.

— Haut an Haut bis zur sexuellen Verschmelzung.

— Piel con piel. ¡Qué cosa tan bella! Bella siempre, aun cuando no siempre lleve a la fusión sexual. Por eso me cuesta entender que haya tantas parejas que duermen separadas y que sólo se juntan, wenn überhaupt, para el sexo.

— Mis padres dormían separados.

— Im Doppelbett?

— No, en dos camas distintas.

— ¡Qué pena! ¿No?

— Sí. No sé por qué mis padres dormían en camas distintas.

— Aber immerhin im selben Zimmer.

— ¿Qué quiere Usted decir?

— Que conozco parejas que no sólo duermen en camas distintas sino incluso en dormitorios separados.

— Ah sí, también yo conozco parejas con dormitorios distintos. Pero la mayor parte de los matrimonios que yo conozco duermen en Doppelbetten, que están a medio camino entre las camas separadas y la cama única...

— Usted sabrá que a la cama única en España se la llamaba cama de matrimonio...

— Si, claro; y en Alemania se llamaba sinnigerweise französisches Bett.

— In Deutschland waren die Franzosen zuständig für das Sinnliche.

— Die Franzosen für das Sinnliche und die Deutschen für das Besinnliche.

— Pero hoy han cambiado mucho las cosas.

— Meinen Sie, daß die Deutschen sinnlicher geworden sind?

— Würde ich sagen.

— ¿Y que los alemanes le dan más importancia que antes al calor animal?

— Ahora que me hace Usted esa pregunta, se me ocurre que éste es un tema muy delicado.

— ¿Cómo así?

— Porque esto del calor animal es un asunto muy resbaladizo. Piense Usted en el calor de tribu, en el calor animal que fomentaron los nazis...

— Sí, es verdad.

— Y esas oleadas de calor animal, de fiebre tribal que desencadenaron los nazis explican, mejor que sus ideas, por qué una buena parte de la población se dejó seducir por ellos...

— Todo tiene dos caras.

— E incluso más de dos.

— Sí, todo tiene por lo menos dos caras. La cara positiva del calor animal es que es una fuente inigualable de placer. Y la cara negativa es que nos seduce, es decir, que nos pone a disposición de quien nos transmite ese calor animal.

— Esa dualidad del calor animal comienza ya con la madre: el hecho de que la madre sea la fuente primera del calor que nos da vida y nos mantiene vivos hace que seamos emocionalmente dependientes de ella, toda una vida.

— Ein Leben lang abhängig von der Mutter. Schön und gefährlich, die mütterliche Wärme.

— Bello y peligroso el calor maternal. Como bello y peligroso es todo calor animal, también el calor animal de la amada.

— Nos hace dependientes.

— Sí, con el calor materno corremos peligro de enmadrarnos.

— ¿Enmadrarse? ¿Y eso qué es?

— Escuche lo que dice el Diccionario de la Academia: «*enmadrarse*: Dicho de un niño: Encariñarse excesivamente con su madre». ¿No ha oído Usted nunca decir que un niño está enmadrado?

— No, nunca.

— ¿Y que un hombre está encoñado?

— Tampoco. Pero supongo que tendrá que ver con el coño.

— Sí, claro. El Diccionario de La Academia dice que encoñarse es «sentir atracción sexual por una mujer hasta llegar a tener obsesión por ella».

— No sé, pero se me ocurre que, si eso es encoñarse, todo el que está enamorado de una mujer está encoñado.

— No, no. El encoñamiento supone que ya se ha tenido relación sexual con la mujer amada, y que al hombre enamorado esa relación le ha hecho *süchtig*, es decir le ha encoñado.

— Sí, seguro. Pero ¿sabe Usted qué pregunta se me acaba de ocurrir?

130

— Usted dirá.

— Me pregunto si las mujeres dependen tanto de la piel masculina como nosotros los hombres dependemos de la piel femenina.

— Yo creo que nosotros dependemos más de la piel femenina. Ellas son, en asuntos de la piel, más autosuficientes.

— Eso las hace emocionalmente más independientes.

— Deswegen haben sie uns in der Hand.

— Ja, sie haben uns in der Hand.

III. El sexo

Die Nahrung und die Paarung

— Permítame comenzar hoy con un texto que Usted ya conoce. Lo escribió el Arcipreste de Hita, allá por el siglo XIV, en su *Libro de buen amor*:

> Como dice Aristóteles, cosa es verdadera:
> El mundo por dos cosas trabaja: la primera:
> Por haber mantenencia; la otra cosa era
> por haber juntamiento con hembra placentera.[59]

— Si mal no recuerdo, Usted comenta estos versos en *Besserwisser VI*.

— Sí, con esos versos comienza mi libro sobre la poesía en castellano.[60] Traduciendo esos versos con un poquito de libertad diríamos:

> *Wie Aristoteles sagt, und er hat wohl Recht,*
> *bemüht sich die Welt um zwei Dinge:*
> *erstens, um die Nahrung; zweitens,*
> *um die Begattung mit einem vergnüglichen Weibe.*

— Die Nahrung und die Paarung bewegen die Welt also.

— Eso dice Aristóteles, por lo visto. Y tiene mucha razón: La comida y el sexo mueven el mundo. Es curioso, ¿verdad?

— Merkwürdig, aber wahr.

— Meine Frau brachte es neulich auf den Punkt: «Das mit dem Sex werden wir nie mit dem Kopf begreifen: Die ganze Welt dreht sich darum, daß ein Mann so 'nen Zipfel in die Frau steckt.»

---

59 *Libro de Buen Amor*, estrofa 71 (El lenguaje, de entre los siglos XIII y XIV, está aquí modernizado)

60 Besserwisser VI

— Sí, claro; pero un hombre y una mujer, cuando están juntos, pueden hacer otras muchas cosas.

— ¿Por ejemplo?

— Pueden, por ejemplo, pasear juntos, charlar, escuchar música, guardar silencio, contemplar un paisaje o un cuadro, comer, beber, reír y llorar juntos, pelearse...

— Sí, claro, y otras muchas cosas más. Pero ¿qué quiere Usted decir con ello?

— Que la relación entre el hombre y la mujer no se reduce a la relación sexual.

— ¿Y quién ha dicho lo contrario?

— Usted parece insinuar que lo que ocurre entre el macho y la hembra es sólo sexual.

— Yo ni he dicho ni se me ocurre decir cosa semejante. Lo que yo digo es que todo lo que ocurre entre un macho y una hembra está teñido de masculinidad y de feminidad, que nunca es neutramente humano o humanamente neutro.

— Ja, darüber haben wir schon mal geredet, fast gestritten.[61]

— Y digo más: digo que lo que ocurre entre un macho y una hembra, aun sin ser sólo de carácter erótico o sexual, está mucho más cargado de energía erótica y sexual de lo que normalmente estamos dispuestos a reconocer.

— ¿Usted no cree en una relación puramente espiritual entre un hombre y una mujer?

— No, no creo en una relación puramente espiritual entre un macho y una hembra. Pero tampoco quiero decir que toda relación entre un macho y una hembra sea de carácter sexual. Pero sí sensual.

— Sinnlich?

— Ja, sinnlich.

— En alemán *sinnlich* es casi sinónimo de *erotisch, sexuell* ...

— Sí, en castellano también suele confundirse lo sensual y lo sexual. Pero yo insisto en distinguir entre lo sexual y lo sensual. Lo sexual es lo que directa o indirectamente, consciente o inconscientemente, parcial o totalmente tiene que ver con el sexo, con lo

---

61 En el preludio de este libro.

genital. En cambio lo sensual, es decir das Sinnliche, tiene que ver con mociones y emociones de los sentidos, como son la vista, el oído, el gusto, el tacto...

— Ja, das Sinnliche kann zum Sexuellen führen, aber nicht unbedingt.

— ¡Eso es! Lo sensual puede desembocar en lo sexual, pero no necesariamente.

— Bueno, en ese sentido, toda relación, también entre dos machos o entre dos hembras, es de carácter sensual.

— Sí, claro, lo cual no quiere decir que toda relación entre dos machos o entre dos hembras tenga siempre una componente homosexual.

— No, no, aunque hay quienes lo afirman. Pero a mí esa homoerotización de todas las relaciones no me convence.

— A mí tampoco. Y sin embargo estoy convencido de que el sexo, la sexualidad, el eros, lo erótico están presentes en nuestras relaciones mucho más de lo que queremos, de lo que sabemos, de lo que sospechamos.

— Hombre, lo que está claro es que somos unos seres sexuados y que el sexo es una de las funciones fundamentales de nuestro organismo, como dice el Arcipreste: haber mantenencia y haber juntamiento.

— La comida y el sexo.

— Ja, die Nahrung und die Paarung.

El sexo und das Geschlecht

— Usted sabe muy bien que la palabra *sexo* puede tener varios sentidos, emparentados pero distintos.

— Si Usted lo dice... Yo no me había parado a pensarlo.

— Sí, en castellano el *sexo* significa en primer lugar die Geschlechtsteile, tanto los masculinos como los femeninos. Por ejemplo: Se levantó la falda dejando el sexo al descubierto. O, por aquello de la igualdad de derechos: Aquel hombre tenía un sexo monumental.

— Un sexo monumental... Ein Traum oder ein Alptraum?

— Para unos un sueño, para otros una pesadilla. Lo que aquí nos importa es que el sexo en primer lugar significa die Geschlechtsteile. Y por eso es lógico que utilicemos la palabra sexo, im Deutschen *das Geschlecht*, para diferenciar lo masculino de lo femenino: la mujer es de sexo femenino y el hombre es de sexo masculino.

— Pero una silla no es del sexo femenino, oder?

— No, no; una silla tiene género pero no tiene sexo. En gramática hablamos del género, no del sexo de las palabras. La silla es de género femenino y el río es de género masculino.

— Im Deutschen taugt das Wort *Geschlecht* auch für die Grammatik ...

— Sí, pero sigamos con los significados de la palabra sexo, que también puede significar *sexualidad*. Por ejemplo: «En la publicidad el sexo es omnipresente.» «In der Werbung ist der Sex allgegenwärtig.»

— Ich meine sowieso, im Deutschen gilt Sex mehr oder weniger als Abkürzung für Sexualität.

— Sí, más o menos.

— Aber es gibt Zusammenhänge, in denen *Sexualität* besser klingt als *Sex*, ja sogar *Sex* ungeeignet wäre.

— Sí, hay contextos en que es mejor hablar de sexualidad que de sexo. Por ejemplo: «El desarrollo de la sexualidad juega un papel fundamental en el desarrollo de las personas.»

— Sehr wahr! Die Entwicklung der Sexualität spielt eine grundlegende Rolle in unserer Entwicklung!

— Y déjeme que le diga que también llamamos *sexo*, masculino o femenino, al conjunto de los hombres y al conjunto de las mujeres.

— In diesem Fall sprechen wir im Deutschen vom *Geschlecht*: vom männlichen oder vom weiblichen Geschlecht.

— Sí, y en castellano se habla además del *sexo fuerte*, los hombres, o del *sexo débil*, las mujeres.

— Die gleiche Dummheit wie im Deutschen: die Männer das starke, die Frauen das schwache Geschlecht. Seguro que esa tontería de llamar a las mujeres el sexo débil y a los hombres el sexo fuerte se le ocurrió a algún hombre...

— Lo que ya no es tan estúpido es hablar del *bello sexo* refiriéndose a las mujeres...

— Im Deutschen sprechen wir auch vom *schönen Geschlecht*.

— Y, para salvar la simetría, a los hombres se nos llama el *sexo feo*. Lo cual coincide con aquel refrán que dice que «el hombre y el oso, cuanto más feo, más hermoso».[62]

— Ich kenne nichts Ähnliches im Deutschen: die Männer als häßliches Geschlecht ...

— No, yo tampoco he encontrado nada semejante en mis diccionarios alemanes...

— ¿Será que los españoles son más feos que los alemanes?

— Puede ser. Aunque puede también ser que los españoles tengan más sentido del humor...

— Puede ser.

---

62   ver en Bessserwisser IV

¿Cómo se dice?

— Hoy quisiera seguir hablando con Usted sobre el lenguaje.

— Me parece muy bien. Así que dígame cómo llama Usted normalmente a la actividad sexual.

— No le entiendo.

— Le pregunto qué verbo utiliza Usted.

— No es fácil. Hemos visto que la comida y el sexo son las funciones básicas: comer y ... Comer es un verbo bien claro y bien simple, libre de todo tabú. En cambio para decir lo que Usted y yo queremos decir, tenemos que echar mano de palabras más bien neutras, casi abstractas, palabras más bien vergonzantes: sexualidad, relaciones sexuales, relacionarse sexualmente ...

— ¿Y por qué no llama Usted por su nombre a eso que quiere llamar?

— Pues porque no conozco palabras claras y transparentes que no sean bastas y burdas.

— ¿Por ejemplo?

— Por ejemplo *follar* y *joder*.

— Más o menos lo mismo ocurre en alemán, donde los verbos que directamente nombran la sexualidad son tan bastos como *ficken* y tan ridículos como *vögeln*.

— Hombre, bien mirado, a mí, eso de *vögeln* no me parece tan ridículo. Yo le encuentro una resonancia juguetona e irónica. Hasta suena bonito: vögeln, pajarear...

— La palabra *vögeln* mißfällt mir auch nicht ganz, wenn ich ehrlich sein soll. Y es relativamente anständig... ¿Cómo decíamos anständig?

— Decente.

— Gracias. *Vögeln* es relativamente decente.

— Sí, y es una metáfora preciosa: *vögeln, pajarear...* Aber leider geht diese Übersetzung nicht, denn *pajarear* ist schon belegt, und zwar mehrmals. *Pajarear* significa, entre otras cosas, cazar pájaros, also Vögel fangen, aber auch «andar vagando, sin trabajar o sin ocuparse de cosa útil» ...

— Also herumlungern.

137

— Genau! Pajarear sería, entre otras cosas, herumlungern.

— Aber leider nicht vögeln.

— Nein, leider nicht vögeln.

— ¿Y cuál es el equivalente de *ficken*?

— Yo diría que el equivalente de *ficken* es *joder*, que tiene prácticamente todo el sentido del inglés *fuck*.

— Es otra de esas palabras que los españoles dicen a todas horas cuando se enfadan, cuando se admiran, cuando se alegran, cuando se entusiasman... ¡Joder!

— A mí me desagrada la palabra *joder*, por muy usual que sea. Yo nunca llamaría *joder* al acto de amarse.

— A mí tampoco me parece de buen gusto hablar de *ficken*. Und mit *bumsen* habe ich auch meine Probleme.

— Und warum?

— Porque *bumsen* es un verbo agresivo, un verbo bruto e incluso brutal, que describe el acto desde la perspectiva de un macho violento.

— Sí, el equivalente de *bumsen* sería, hasta cierto punto, *follar*, un verbo que está muy de moda y que es relativamente reciente.[63]

— Sí, *bumsen*, en este sentido, también es relativamente reciente. Por lo visto se puso de moda en Alemania a partir de los años 50.

— ¿Y sabe Usted por qué se dice *bumsen*?

— Sí, porque *bumsen* equivale aquí a *stoßen*. Pero, ¿sabe Usted por qué se dice *follar*?

— Sí, por lo visto *follar* viene de *fuelle*, que, como Usted sabrá, significa *Blasebalg*.

— Hay gente que tiene mucha imaginación.

— Sí, la sexualidad desata la imaginación y agudiza la fantasía.

— ¿Agudiza?

— Schärft.

— Ah ja, der Sex entfesselt die Vorstellungskraft und schärft die Phantasie ... Aber vor lauter Phantasie haben wir die ganz braven Ausdrücke vergessen.

---

63 Es en *1905* cuando se registra por primera vez el empleo del verbo «follar» con el significado de «practicar el coito». (según el *Diccionario Etimológico de Corominas*)

— ¿Por ejemplo?

— Por ejemplo *hacer el amor...*

— Aunque el coito no sea siempre un acto de amor...

— Sí, aunque el coito no sea siempre un acto de amor.

— Y también se dice *dormir juntos*, aunque en el coito mismo no se duerme...

— Ja, ja: im Deutschen schlafen wir auch zusammen oder miteinander, selbst wenn wir dabei ganz wach und munter sind ...

— La lengua es una cosa muy caprichosa, llena de metáforas, unas veces acertadas y otras no.

— Nein, die Sprache können wir nicht immer ernst nehmen.

— Ernst schon, aber nicht wortwörtlich.

— Ja, so isses genauer.

— ¿Y recuerda Usted cómo suele llamar la Biblia al acto que nos ocupa?

— Ich glaube *erkennen.*

— Jawohl! *Erkennen* en alemán, *conocer* en castellano. «Und Adam erkannte sein Weib Eva, und sie ward schwanger ...» «Adán conoció a su mujer Eva, que quedó embarazada...» [64]

— Die Sprache! Wenn wir diese biblische Sprache wortwörtlich nehmen würden, kämen wir zum Ergebnis, daß wir eine Frau erst dann erkennen, wenn wir mit ihr ... vögeln.

— Sí, si tomamos ese lenguaje bíblico al pie de la letra, habremos de concluir que no conocemos a una mujer hasta que... nos acostamos con ella.

— Da haben wir wieder einen neuen Ausdruck: *acostarse con alguien...*

— Acostarse con un hombre, acostarse con una mujer, acostarse juntos... Das kommt schon der Sache näher ...

— Obwohl wir uns nicht immer im Liegen lieben ...

— Sí, es cierto que se puede hacer el amor en muy diversas posturas, pero la postura horizontal parece ser la más usual.

— Prototypisch, sozusagen.

---

64   Gen 4,1

— Sí, la postura horizontal al hacer el amor puede calificarse de prototípica.

— Pero bueno, déjeme volver atrás: por muy bonita que sea esa imagen de vögeln o pajarear, wenn Sie mit Ihrer Frau ... *vögeln* wollen, fragen Sie sie, ob sie vögeln möchte, con la misma naturalidad con que le pregunta si quiere comer?

— Hombre, no, yo mismo no utilizo ni la palabra vögeln ni ficken, como tampoco hablo de follar y joder.

— ¿Y cómo llama Usted a esa acción o mejor dicho a esas acciones?

— Im Deutschen sage ich *liebhaben*.

— Süß aber unbeholfen und außerdem unpräzise.

— Und Sie selbst?

— Cuando no tengo más remedio que utilizar un lenguaje decente, hablo de miteinander schlafen, sich lieben, Liebe machen, ...

— Sí, *dormir con alguien, amarse, hacer el amor...* Y a mí esta última expresión, hacer el amor, no me disgusta del todo, aunque sé muy bien que no es necesariamente lo mismo practicar el sexo que hacer el amor. Como tampoco es necesariamente lo mismo practicar el sexo que amarse.

— Sí, hay sexo sin amor. Pero, ¿hay amor sin sexo?

— Yo diría que sí.

— Pero no hay amor sin ternura.

— No, sin ternura no hay amor. Pero volvamos a los nombres que damos al sexo cuando hablamos en un lenguaje «decente». Ridículo me parece a mí, como creo que ya le decía, eso de *dormir juntos, miteinander schlafen*, porque dos que hacen el amor, mientras hacen el amor, hacen todo menos dormir.

— ¿Y *acostarse juntos*?

— Eso ya se le acerca más... Wobei dieser Ausdruck, wie gesagt, nur die Formen der Liebe erfaßt, die im Liegen erfolgen.

— Sí, es verdad, pero acostarse juntos es más interesante que dormir juntos, porque desde el acostarse hasta el dormirse pueden ocurrir cosas muy interesantes.

— Hombre, no hay duda.

El acto

— Hoy vamos a hablar del acto.

— ¿Del acto? Vom Akt also?

— Nicht unbedingt.

— Wieso nicht unbedingt?

— Porque depende de lo que Usted entienda por Akt.

— Ich meine, wir wollen heute über den Akt in der Malerei und in der Bildhauerei reden, por ejemplo.

— Eben nicht. Der *Akt* in diesem Sinne se llama en castellano *el desnudo*. Ich glaube, das habe ich Ihnen schon mal erläutert.[65]

— Kann sein. Ich kann nicht alles behalten, was Sie mir «erläutern».

— Soll ich mich zurücknehmen mit den Erläuterungen?

— Ne, ne. Es ist gut so. Also nicht Akt sondern Nackt.

— Eben! En castellano, *el acto* significa *der Akt* im Sinne von *Handlung*.

— Así que supongo que vamos a hablar hoy del acto im Sinne von sexueller Handlung.

— Jetzt ist der Groschen gefallen! Pero más que hablar del acto, vamos a leer una colección de actos que he ido recogiendo de diversas obras literarias, sobre todo novelas. Y si se nos ocurre algún comentario, pues comentamos lo que hemos leído. Y si no, pues no. ¿De acuerdo?

— Sí, de acuerdo. Pero antes me interesaría saber los distintos nombres que en castellano se dan a ese acto. Yo sé, por ejemplo, que se llama coito.

— Sí, *coito*, al igual que *Koitus*, está tomado directamente del latín *coitus*, que se deriva de *co-ire* y significa, ziemlich genau, la acción de *juntarse*.

— ¿Existe también en castellano el verbo *koitieren*?

— No, en castellano no tenemos un verbo derivado de coito. Tenemos, en cambio, un verbo derivado de *cópula: copular.*

---

65   en este mismo libro: Preludio: Macho y hembra. Página 11

— Sí, en alemán tenemos también el verbo *kopulieren* y el sustantivo *Kopulation*.

— Pero bien, tanto el coito como la *cópula* son palabras más bien cultas.

— ¿Y el equivalente de *Begattung*?

— *Coito*, *cópula*... En los pájaros se habla de *apareamiento*...

— Pero bien, en el capítulo anterior ya hemos hablado ampliamente sobre los nombres que le damos a la «actividad sexual». Así que ¿qué le parece si terminamos nuestras excursiones por el vocabulario y pasamos a las descripciones más o menos literarias del acto?

— Como Usted quiera. Podríamos comenzar con un poema de García Lorca...

— ¿La casada infiel?

— Woher wissen Sie das?

— Lo cita y lo comenta Usted ya en otro tomo de los Besserwisser.[66]

— Así que dejemos a Lorca con su *casada infiel* y sigamos con un poeta argentino, Oliverio Girondo, casi contemporáneo de Lorca, que nació en Buenos Aires, en el año 1891, se dedicó a la poesía y al periodismo, y murió en el año 1967. Escuche con qué cascada de verbos describe el acto este señor:

Se miran, se presienten, se desean,
se acarician, se besan, se desnudan,
se respiran, se acuestan, se olfatean,
se penetran, se chupan, se demudan,
se adormecen, despiertan, se iluminan,
se codician, se palpan, se fascinan,
se mastican, se gustan, se babean,
se confunden, se acoplan, se disgregan,
se aletargan, fallecen, se reintegran,
se distienden, se enarcan, se menean,
se retuercen, se estiran, se caldean,
se estrangulan, se aprietan, se estremecen,

---

66   en el tomo IV, capítulo sobre Lorca, p. 123 ss

se tantean, se juntan, desfallecen,
se repelen, se enervan, se apetecen,
se acometen, se enlazan, se entrechocan,
se agazapan, se apresan, se dislocan,
se perforan, se incrustan, se acribillan,
se remachan, se injertan, se atornillan,
se desmayan, reviven, resplandecen,
se contemplan, se inflaman, se enloquecen,
se derriten, se sueldan, se calcinan,
se desgarran, se muerden, se asesinan,
resucitan, se buscan, se refriegan,
se rehúyen, se evaden y se entregan.

¿Qué le parece?
— Rasant!
— Sí, vertiginoso.
— Y puede aplicarse tanto al amor gay como al hétero.
— Tiene Usted razón.
— Pero no entiendo algunas palabras...
— ¿Cuáles?
— Por ejemplo: se demudan, se babean, se acoplan, se enarcan, se caldean, se enervan, se agazapan, se dislocan, se sueldan, se calcinan, se refriegan...
— Comencemos con demudarse, que es un derivado del verbo mudarse, que es cambiarse, cambiarse de ropa, por ejemplo.
— O cambiarse de casa.
— Sí, cambiarse de casa es también mudarse, Y por eso eine Umzugsfirma se llama: *Mudanzas.* Y demudarse es el cambio que se produce en el cuerpo, en el color de la piel, en la voz, por efecto de emociones intensas.
— Sich entstellen?
— Ja, aber nicht ganz.
— Einen verzerrten Gesichtsausdruck bekommen?
— Schon eher. Meine Frau bietet mir eine Alternative aus dem Bayrischen: sich verstalten.
— Está bien. Was besseres fällt mir auch nicht ein. ¿Y babearse?

— Yo pensaba que Usted sabía que la baba es der Schleim ...

— Ah! Entonces babear es sabbern y babearse es sich gegenseitig besabbern.

— Y eso ocurre a veces durante el acto: los amantes se babean.

— No es una visión muy romántica.

— No, romántica no es, pero realista. Así que sigamos. Se acoplan. Acoplar es anpassen, koppeln, kuppeln ...

— Ah ja! ¿Y enarcarse?

— Enarcar viene de arco, Bogen.

— O sea que enarcarse será aquí formar un arco con el cuerpo...

— Sí, supongo.

— ¿Y caldearse?

— Usted conoce el adjetivo cálido, y la caldera, y la calefacción...

— Also sie werden heiß, sie erhitzen sich.

— Exacto.

— ¿Y enervarse?

— Enervarse tiene que ver con los nervios. Enervarse es debilitarse, perder las energías.

— Nie gehört. ¿Y agazaparse?

— Agazaparse viene de gazapo, que es la cría del conejo, y significa sich ducken, que es lo que hace el gazapo cuando quiere ocultarse de los que le persiguen.

— ¿Y se dislocan?

— Dislocar es, etimológicamente, quitar o sacar algo de su lugar. Wenn sich uns ein Knochen verrenkt, decimos que se nos ha dislocado un hueso.

— Also die Verrenkungen der Liebenden beim Lieben ... ¿Y se sueldan?

— ¿No conoce Usted el verbo soldar, löten?

— Doch! Está bien. ¿Y se calcinan?

— ¿No le suena? Cal, Kalk...

— Ah! Calcinar será kalkbrennen oder so was Ähnliches.

— Sí, kalkbrennen y también abrasar por completo, verbrennen.

— So eine Hitze bei der Liebe habe ich nie gehabt. Und Sie?

— No respondo preguntas indiscretas. Así que sigamos.

— Está bien. ¿Qué es refregarse?

— Refregarse es algo así como sich reiben.

— Eso sí, eso lo conozco por experiencia.

— Y creo que no hay más dudas. Así que ahora podría leer Usted todo el poema de una vez.

— Vale.

Se miran, se presienten, se desean,
se acarician, se besan, se desnudan...

— Lo ha leído Usted muy bien. Ahora le voy a leer yo dos actos que he encontrado en la novela que estoy leyendo actualmente, una novela que me han recomendado varios amigos.

— Y amigas...

— Sí, sobre todo amigas: *La sombra del viento*, de Carlos Ruiz Zafón.[67]

— Sí, de esa novela me ha hablado también a mí con entusiasmo una amiga que la ha leído, allerdings en alemán: *Der Schatten des Windes*.

— Eso es. Es una novela que en Alemania ha tenido mucho éxito aunque literariamente no vale gran cosa, pero cuenta un cuento de mucha intriga.

— Spannend?

— Sí. Y de pasada describe varios «actos». Escuche el primero, que describe el sexo, no el amor, entre un profesor de música y su alumna, ciega, de ventitantos años:

«El cuerpo desnudo de Clara yacía sobre sábanas blancas que brillaban como seda lavada. Las manos del maestro Neri se deslizaban sobre sus labios, su cuello y su pecho. Sus ojos blancos se alzaban hacia el techo, estremeciéndose bajo las embestidas con que el profesor de música la penetraba entre sus muslos pálidos y temblorosos. Las mismas manos que habían leído mi rostro (...)[68]

---

67   Barcelona 2003

68   Das blinde Mädchen hatte irgenwann sein Gesicht mit den Händen «abgelesen».

aferraban ahora las nalgas del maestro, relucientes de sudor, clavándole las uñas y guiándole hacia sus entrañas con un ansia animal, desesperada.» (p. 74)

— Bueno, un acto, un sexo muy claro y muy simple y hasta primitivo.

— Cosa que se acentúa con el vocabulario: el profesor de música la embestía, es decir, er rempelte sie an. Y la penetraba.

— Nicht gerade zärtlich.

— No, muy tierno no es el tal profesor de música. Pero pasemos al segundo acto, amor y sexo, sexo y amor, entre Daniel, de diecisiete años, y Beatriz, un par de años mayor que él. El autor nos dice que es la segunda vez que lo hacen. Escuche:

«La recuerdo sentada, la espalda contra la puerta cerrada de aquel cuarto, los brazos caídos a los lados, las palmas de las manos abiertas hacia mí. Recuerdo cómo mantenía el rostro erguido, desafiante, mientras yo le acariciaba la garganta con la yema de los dedos. Recuerdo cómo tomó mis manos y las posó sobre sus pechos, y cómo le temblaban la mirada y los labios cuando tomé sus pezones entre los dedos y los pellizqué embobado,[69] cómo se deslizó hacia el suelo mientras yo buscaba su vientre con los labios y sus muslos blancos me recibían.» (p. 364)

— Hay sexo y hay ternura.
— Sí, y hay iniciativa por ambas partes.
— Yo no creo que esa sea la segunda vez.
— Yo tampoco.
— Die beiden wissen zu viel.
— Sí, saben ya demasiado. Así que déjeme que le lea dos actos que me parecen más auténticos. Nos los cuenta Rosa Montero, una escritora que sabe escribir con garbo,[70] con humor y con ideas muy claras.

---

69   *Embobado* viene de bobo, blöd, pero no significa verblödet sino *verzückt*.

70   garbo – Grazie

— Yo conozco sus columnas en El País.
— Yo también, pero además he leído algunas novelas suyas. Y de una de esas novelas, *La hija del Caníbal*, he sacado dos actos de una mujer ya madura: el primero con un hombre también maduro, el segundo con un chico joven con el que ya no se entiende tan bien como al principio:

«El hombre se llamaba Hans (...) Tenía unos ojos negros admirables (...) y unas manos fuertes y cuadradas, calientes y secas, con las que amasaba el cuerpo de Lucía con la misma autoridad con que Dios debió de amasar en su momento a Eva. Cruzada sobre la cama, nuestra protagonista se dejaba desnudar con quieta codicia; y Hans, todavía vestido, de rodillas en el embozo,[71] le sujetaba las muñecas por encima de la cabeza con una mano imperativa y dura, mientras que con la otra la recorría entera: el cuello, la garganta, las axilas calientes, los pezones, el borde rizado de las aureolas, el ombligo que Eva no tenía, la curva del vientre, las ingles mordedoras.[72] Aquí se detenía y abría a Lucía con ambas manos, despacio, con dominio del tacto, desplegando la oscuridad marina de ahí abajo, todo eso sin que ninguno de los dos dijera una palabra, él escrutando los recovecos femeninos con mirada atenta de entomólogo[73] o quizá de artista, ella jadeante y casi loca, toda cuerpo ya, gozando de su propia pasividad desaforada.[74] Entonces él (...) comenzaba a desvestirse: se quitaba la camisa, el cinturón, se arrancaba al final los pantalones. Y una vez desnudo, sólido y hermoso, se le metía dentro de un único empellón.»[75]

---

71 embozo – Lakenüberschlag

72 La *ingle* es la «parte del cuerpo en que se junta el muslo con el vientre», also die Leiste oder die Leistenbeuge. ¿Por qué mordedoras? Warum bissig? Ich weiß es nicht und mein Gesprächspartner weiß es auch nicht. Wenn Sie es wissen, sagen Sie es mir!

73 escrutar – erforschen; recoveco – versteckter Winkel; entomólogo – Insektenforscher

74 desaforado – außer Rand und Band

75 Rosa Montero: *La hija del Caníbal*. Madrid 1998, p. 116 s

¿Qué le parece?

— Me encanta.

— Pero la mujer es absolutamente pasiva.

— No importa. Es pasiva pero se deja llevar muy bien. Y me encanta sobre todo cuando dice que Hans tiene «unas manos fuertes y cuadradas, calientes y secas, con las que amasaba el cuerpo de Lucía con la misma autoridad con que Dios debió de amasar en su momento a Eva». Hans knetet Lucías Körper mit der gleichen Bestimmtheit, mit der Gott Evas Körper geknetet haben muß. Delicioso. Y me encanta cuando describe a Lucía, «jadeante y casi loca, toda cuerpo ya, gozando de su propia pasividad desaforada».

— «Toda cuerpo ya», ganz und gar Körper, Leib.

— Me recuerda, no sé por qué, aquel poema de Heine que comienza: «Des Weibes Leib ist ein Gedicht ...»

— Rosa Montero parece saber mucho del amor y el sexo.

— ¿O tiene una gran fantasía?

— Si, puede ser que aquí nos esté contando una fantasía, una fantasía femenina: hacer el amor con un hombre fuerte, sabio, atrevido, decidido, varonil, experimentado, sensible, conocedor del cuerpo femenino...

— Ein Traum von Mann.

— Sí, un hombre de ensueño. Pero más realista suena el acto siguiente entre esa misma mujer madura y un chico joven:

«Permanecieron el uno frente al otro durante unos segundos, estupefactos y más allá de toda palabra. Luego, él extendió la mano y pasó un dedo titubeante y suave por la mejilla de ella. El dedo llegó a la comisura de la boca, merodeó[76] por el borde rosado de los labios y al fin se introdujo de un pequeño empujón en el interior húmedo y caliente. Salió de allí ensalivado y empezó a descender cuello abajo, luego por el desfiladero de los pechos, más tarde en las estribaciones[77] del ombligo, ese oasis en el que se detuvo unos instantes. Para acabar la expedición, ya apresurado, buscando la

---

76 *Merodear* significa estrictamente marodieren, pero aquí no tiene ese sentido nefativo.

77 desfiladero – Schlucht; estribaciones – Ausläufer eines Gebirges

madriguera[78] entre las ingles. Con ese dedo dentro, Lucía se tumbó de espaldas en la cama. Trepó sobre la mujer Adrián con la misma desesperación con que un sherpa medio congelado treparía al último risco del Everest. Todo el esplendor, las chispas de la carne de los primeros días, se habían convertido ahora en un trabajo penoso, en la angustia de no poder estar a la altura de los propios deseos. Lucía sentía al chico encima de ella, pero en realidad le notaba muy lejos. (...) luchando (...) por sacar adelante un orgasmo mecánico y furioso.» (Ibid 292s)

— Eso está bien dicho: «luchando por sacar adelante un orgasmo mecánico y furioso». Rosa Montero nos ofrece aquí un acto prosaico, bien lejos del amor romántico.
— Si Usted quiere que nos pongamos románticos, le leeré un acto que describe Gioconda Belli en su novela *Sofía de los presagios*.[79] ¿Conoce Usted a Gioconda Belli?
— Me suena, pero no sé.
— Es una escritora nicaragüense a la que yo tuve el honor de conocer personalmente, creo que el año 1982, en Stuttgart, en una velada literaria. Ella leyó poemas suyos en castellano y yo leí la traducción alemana.
— Así que esa señora escribe también poemas...
— Sí, esa señora escribe sobre todo poemas de mucho color, de mucha sensibilidad y de mucha sensualidad. Y de mucha sensualidad es el acto que le voy a leer a continuación:

«Samuel echa las flores en la fogata y le indica que se acuesten los dos con la cabeza a pocos metros de la fogata en la dirección de donde sopla el viento, para que el humo y los vapores viajen hacia ellos.
Sofía le obedece. No bien se acuesta en el suelo, siente que la excitación cede paso a una sensación de bienestar. Es placentero sentir la tierra bajo su espalda y ver la luna asomándose entre

---

78   madriguera – Höhle wilder Tiere
79   Gioconda Belli: *Sofía de los presagios*. Tafalla 1995

las pequeñas hojas del guayacón[80] que forman dibujos negros en la sombra. Samuel se acuesta a su lado. Ella siente su respiración fuerte y su mano ancha y áspera buscando la suya. Deja que él le tome la mano y cierra los ojos. (...)

La mano de Samuel empieza a moverse sobre su brazo y antebrazo. Sofía siente ligeros estremecimientos empezar a invadirle el pecho, desmadejándola.[81] Hace mucho que nadie la acaricia. Nadie la ha acariciado jamás así de suave. (...) Se experimenta más liviana y un calor de flores le entra en las venas y baja hacia su ombligo. Con los ojos cerrados deja que las manos de Samuel suban hacia sus hombros, su cuello, el contorno de su frente, la profundidad de su pelo ensortijado. Ya no siente aspereza en su contacto, las manos de Samuel se han trocado en mariposas ciegas que revolotean sobre todo su cuerpo. Sin abrir los ojos, deja que el hombre le incline la espalda para quitarle la blusa; las mariposas, entonces, revolotean sobre sus pechos desnudos y cuando él le quita la falda, el calor de su cuerpo es ya tan intenso como el de la fogata y cuando abre los ojos, Samuel se ve hermoso y color de cobre bruñido,[82] desnudo, despojándola del último vestigio de ropa. Las mariposas se posan tanteando sobre su sexo y Sofía abre las piernas y siente la urgente necesidad de ser penetrada hasta lo profundo de sí misma. Sin embargo, Samuel continúa multiplicando milagrosamente sus manos y a Sofía le parece que los grillos y las luciérnagas[83] danzan con él en el cortejo de los machos y también le están haciendo el amor todas las criaturas de la noche. Por fin siente el sexo de Samuel entrando en su interior, un sexo vivo y de alta temperatura, cómodo y que no la ofende como el enorme miembro de René.[84] En ese momento

---

80   *Guayacón* no se encuentra en el Diccionario de la Academia. En la red he visto que guayacón es el nombre de un pez, de un pájaro, de un baile y de una planta. Así que en este caso es una planta.

81   *Desmadejar* viene de *madeja, Strang,* y significa más o menos quitar o perder la tensión del cuerpo, *schlaff werden.* Yo diría que en este caso quiere decir que la mujer entspannt sich, sie gibt den Widerstand des Körpers auf.

82   bruñir – polieren

83   luciérnaga – Glühwurm

84   René es su marido

nada existe para ella más que el movimiento fluido de aquel cuerpo hurgándole[85] el placer que ella jamás ha conocido de esta forma. El hombre excava tenaz abriéndola a un mundo de experiencias apenas intuidas en sus solitarias exploraciones consigo misma. Sofía gime, se mueve contribuyendo en la búsqueda ciega del punto mágico que detonará los diques de las aguas que suben y buscan salida. La fogata apenas existe aún, la oscuridad es más densa.

Samuel y Sofía jadean y murmuran cada vez con más urgencia hasta que ella siente que el vientre se convierte en flor y abre todos sus pétalos invadiéndola del polen de él cuyo pistilo[86] ha llegado también a la floración del orgasmo entre los gritos de placer de ambos.»[87]

— Más bien que romántico, diría yo que este acto es poético, mágico. Incluso idealizado.

— Y muy femenino.

— Sí, y femenino. Parece claro que está descrito desde la experiencia de una mujer.

— ¿Desde la experiencia o desde la fantasía?

— Es probablemente una fantasía femenina, como el acto primero de Rosa Montero. Y al igual que en Rosa Montero, el papel de la mujer es también pasivo.

— Sí, pero en Rosa Montero el hombre, Hans, juega un papel muy distinto que Samuel en el acto de Gioconda Belli.

— Sí, Hans «actuaba» con la fortaleza y hasta la brusquedad de un macho... mientras que Samuel «actúa» con mucha delicadeza y mucha ternura.

— Es un acto muy bello, en el que se cumple lo que Rosa Montero dice acerca del sexo hecho con amor:

«El cielo, si es que existe, debe ser un instante de sexo congelado. Hablo del sexo con amor, del apasionado encuentro con el otro. (...) Es salir de ti mismo. Es detener el tiempo.» (Ibid 214)

---

85   hurgar – stochern, wühlen

86   pistilo – Stempel. En este caso es el pene de Samuel.

87   p. 142 ss

Y antes había escrito:

«Le deseaba con todo su cuerpo, que es lo mismo que decir que le amaba con todo su espíritu, porque el sexo es una experiencia mental y espiritual, un barrunto[88] de fusión con el amante, una comunión de las almas realizada por vía genital. Y si carece de esta dimensión trascendente entonces es mal sexo, es sexo rutinario y gimnástico, y siempre masturbatorio aunque se juegue a dos.»[89]

— A veces el acto puede ser incluso repugnante...

— Sí, claro. Le voy a leer un acto que está en las antípodas del de Gioconda Belli. Lo he encontrado en un libro de Juan Madrid que lleva el título signficativo de *Crónicas del Madrid oscuro: una mirada al subterráneo.*[90]

«Aquella noche Riquelme no pudo dormir y, por la mañana, encendió la luz y se acarició el pene, mientras su mujer se hacía la dormida. Más tarde empezó a embestirla por detrás, con fuerza, y su mujer fingió despertarse. Riquelme continuó cada vez más fuerte hasta que ella se escurrió de la cama.

— ¿Eh, adónde vas? – le preguntó Riquelme.

— Al cuarto de baño – contestó ella.

— Ven aquí, mira cómo la tengo.[91] ¿La ves? – apartó la sábana y se la mostró— . Déjate de cuarto de baño y vente para acá.

— Tengo que ir al cuarto de baño – repitió ella.

Riquelme miró al reloj fosforescente que se encontraba sobre la mesita de noche.

— Voy a llegar tarde a la oficina. ¿No puedes ir después al cuarto de baño?

— No, tengo que ir ahora.

---

88   barruntar – ahnen

89   Rosa Montero: *La hija del Caníbal*, p. 117

90   Madrid 1994. p. 15 ss

91   Este pronombre *la* significa aquí *la polla, el pene.*

Entró al cuarto de baño y Riquelme escuchó cómo levantaba la tapa del retrete y orinaba. Después, tiró de la cadena, salió y se plantó en medio de la habitación, rascándose el estómago.

— ¿Quieres que te prepare el desayuno?

— Ven aquí, vamos a echar un casquete.[92] Ven, anda.

Ella se acostó a su lado y Riquelme le cogió la mano y se la puso en el pene. Ella la retiró al momento.

— Mira qué calentito y qué grande está. ¿Has visto algo tan grande en tu vida, eh?

— Espera, tengo que prepararte el desayuno.

— A la mierda el desayuno, estoy caliente, me he despertado echando humo. Date la vuelta, venga.

Intentó girarla de espaldas, pero ella se debatió durante unos instantes, luego Riquelme consiguió ponerla de espaldas, le levantó el camisón y comenzó a embestirla de nuevo.

— ¡Me duele! – gritó ella – . ¡Por ahí me duele!

— ¡Calla, voy a terminar, espera!

Ella hizo un esfuerzo y se dio la vuelta.

— ¿Pero qué haces, no ves que voy a terminar?

— Me duele mucho.

Riquelme jadeaba y se sentó en la cama, congestionado. Ella recogió las piernas y se bajó el camisón.

— Por ahi me duele mucho, además no me apetece, de verdad, lo siento.

— ¿Que no te apetece? ¿Pero qué estás diciendo? ¡No ves lo caliente que estoy!

— No tengo ganas.

— No tengo ganas – se burló Riquelme –. Sólo sabes decir que no tienes ganas. ¿Cuándo vas a tener ganas?

— No he dormido bien.

— ¿Que no has dormido bien? No me jodas, te has tirado toda la noche roncando. El que no ha dormido nada he sido yo.

— He dormido fatal, te lo juro, no puedo dormir bien últimamente. Te lo juro, me paso la noche en vela, pensando.

---

92   echar un casquete – echar un polvo – vögeln

— ¿Pensando, tú pensando? ¡Vamos, no me jodas, tía, tú no piensas!

— ¡Sí que pienso...! Pienso en muchas cosas.

— ¿Y en qué piensas?

— En aquel hotel que estuvimos hace dos años.

— ¿Y sabes en qué yo pienso?

— No.

— En que voy a llegar tarde a la oficina.

Ella intentó levantarse pero Riquelme la agarró del brazo.

— Espera un momento y mira esto, mira qué chorrito va a salir de esta fuente.

Riquelme empezó a tocarse, pero de pronto, la empujó sobre la cama y la abrió de piernas. Ella gritó e intentó deshacerse, pero no pudo. Riquelme se echó saliva en el pene y la cabalgó.

Mientras lo hacía, obeservaba el reloj y la cartera que se encontraban en la mesita de noche, todo bien alineado.

La cama crujía y Riquelme empujó un poco más, jadeando. Ella volvió a quejarse y giró la cabeza hacia la pared.

— ¡Me viene! – exclamó Riquelme –. ¡Ya!

Terminó con una sacudida, se quedó inmóvil y sudoroso durante unos instantes, y se dio la vuelta y se limpió el pene con la sábana.

Su mujer se levantó, fue otra vez al cuarto de baño, se duchó con agua muy caliente, se limpió los dientes, orinó de nuevo y salió con la bata amarilla.

Riquelme había terminado de vestirse y se ponía los zapatos, (...) entró en el cuarto de baño, orinó, se lavó la cara y se afeitó. Sacó la lengua al espejo y la vio blanca, recubierta de una capa pastosa, y dedujo que debía olerle mal el aliento. Se cepilló los dientes y luego hizo gárgaras con el elixir mentolado. Al salir se colocó la corbata y la chaqueta.»

— Ekelhaft!

— Sí, repugnante. El hombre, ese tal Riquelme, es de una zafiedaz[93] insoportable.

---

93   zafio – grob

— Sí, y yo me pregunto si esta descripción es realista o si se trata de una parodia, de una caricatura.

— Puede que sea una parodia realista, una caricatura acertada.

— Wie dem auch sei, bei aller Häßlichkeit la narración tiene un cierto tono de humor, de humor negro, claro, que la hace soportable.

— ¿Dónde ve Usted el humor?

— Das Verhalten des Mannes ist so überzogen, daß es lächerlich, lachhaft wirkt.

— Meinen Sie? Ich finde in dieser Erzählung nichts zum Lachen. Es una narración tristísima.

— ¿Por qué tan triste?

— Creo que Usted no se ha dado cuenta del detalle más importante, que es el hecho de que este hombre y esta mujer son marido y mujer. Y yo me pregunto si con esta narración el autor quiere pintarnos el sexo matrimonial...

— Hombre, yo no creo que el autor quiera decirnos que eso es el sexo matrimonial. Es simplemente un caso, uno de los muchos casos posibles.

— Pero el hecho es que es éste el único ejemplo de acto matrimonial que yo he encontrado en las muchas novelas que he consultado. Los demás actos que cito en este capítulo son todos extramatrimoniales.

— Y Usted quisiera prensentarme y presentarnos un acto matrimonial de otro tipo...

— Ni más ni menos. Así que no me ha quedado más remedio que pedirle a un amigo escritor que él me describa un acto, un acto entre esposos, entre un marido y una mujer que lleven muchos años viviendo juntos. Un acto bello, agradable, placentero, pero auténtico.

— ¿Conozco yo a ese amigo suyo?

— No, no lo conoce Usted. Y eso no importa. Lo que importa es el texto. Y aquí lo tiene:

«Durante los primeros treinta años habían dormido siempre juntos y desnudos. Desnudos en verano y desnudos en invierno. Ahora, desde hacía tres años, seguían durmiendo siempre juntos pero no siempre desnudos. En invierno se ponían, para dormir, unas camisas largas o unos camisones cortos.

Hoy se han puesto el camisón, pues estamos en Diciembre y el servicio meteorológico ha anunciado que esta noche el termómetro bajará hasta 9 grados bajo cero y ellos duermen siempre con la ventana abierta, de par en par en verano, más o menos entornada en invierno.

Primero se ha acostado ella, – «para calentarte la cama» – le ha dicho. «Pero no tardes.»

Él no ha tardado.

El dormitorio está helado y él se ha metido a toda prisa en la cama. El se acuesta siempre a la izquierda. La izquierda está fría. La derecha está ya calentita, pues ella le ha contagiado ya un poquito del calor de su cuerpo, ese calor de piel que a él le encanta y le vuelve loco desde el primer día en que estuvo tumbado desnudo junto a ella, pegado a ella.

Él se acerca a ella, ella se acerca a él. Se abrazan, cuerpo a cuerpo, se enredan con los brazos y con las piernas. Se besan. Entran en calor y deciden dormir. ¿Derecha o izquierda? – pregunta ella. «Hoy derecha» – responde él. Ella se da la vuelta a la derecha, él se da la vuelta a la derecha. Flexionan las piernas. Su cuerpo se adapta a su cuerpo. El posa su mano izquierda en la cadera de ella. Su brazo derecho no acaba de encontrar postura. Ella posa su mano izquierda en la mano izquierda de él. Su brazo derecho tampoco acaba de encontrar postura.

Respiran, cada uno a su ritmo. Hoy es un ritmo irregular. No acaban de encontrar su ritmo.

La mano izquierda de ella acaricia la mano izquierda de él. La mano izquierda de él acaricia la cadera de ella. La mano izquierda de él comienza a subir por la cintura hacia la espalda, comienza a bajar por el muslo, hasta la rodilla. Ella se mueve, casi imperceptiblemente y suspira, perceptiblemente.

Ella hace ademán de quitarse el camisón. Él la ayuda a quitarse el camisón. Ella le ayuda a él a quitarse el camisón. Los cuerpos vuelven a buscarse y encontrarse. Piel con piel. Ella siente su vientre y su pecho. El siente sus nalgas y su espalda. Los dos dan un gruñido de placer. La piel desnuda les sabe de nuevo a pan fresco, a pan caliente, a terciopelo, a miel.

Las manos vuelven a entrar en acción. La mano derecha de él, por el pasadizo[94] que se entreabre entre el cuello de ella y la almohada, busca y encuentra su camino hacia los pechos de ella. Los toca levemente, primero el derecho, luego el izquierdo, como para cerciorarse de que están allí. Acaricia el capullo del pecho derecho, acaricia el capullo del pecho izquierdo, con la mano extendida acaricia los dos capullos a la vez. Mientras tanto, la mano izquierda de él hace excursiones por el vientre de ella, deteniéndose una y otra vez en su ombligo, y hace incursiones hacia el jardín de ella que aún es huerto cerrado.

La mano izquierda de ella busca. Y encuentra. Y acaricia lo que ha encontrado. Y lo que ha encontrado se alegra de haber sido encontrado, y de pura alegría se hincha y se alarga, poquito a poco.

Mientras la mano derecha de él, al tocar los capullos de sus pechos, va arrancando de ella un murmullo que se hace melodía, una melodía cada vez más sonora, su mano izquierda insiste en llamar a la puerta del huerto cerrado, que al fin se entreabre, poquito a poco, mientras ella, poquito a poco, va girando a la izquierda hasta quedar tendida de espaldas, boca arriba, mientras su mano izquierda acaricia aquello que ha encontrado, aquello que se alegra de haber sido encontrado.

Poquito a poco la mano izquierda de él busca la cara interna de los muslos de ella. Los acaricia, de arriba abajo, de abajo arriba. Los muslos, ante este conjuro de las manos buscadoras, se abren más y más, dejando libre el camino hacia la puerta del huerto secreto, huerto cálido y húmedo, bodega que guarda el vino fino y dulce y fuerte, que emborracha y despierta.

Ya toca, en crescendo, la mano derecha de él los pechos de ella con sus capullos, los capullos con sus pechos. Ya canta ella, y su canto sube de tono y de volumen cuando la mano izquierda de él recorre suavemente los labios de su gruta misteriosa, y sigue

---

94   pasadizo – Gang, Übergang

subiendo de tono y de volumen cuando los dedos de él, atrevidos, se aventuran por ese túnel que lleva a la gloria. ¿Si habrá llegado ya el momento de que también ese tímido amigo se acerque al huerto, a la puerta del huerto y se aventure también él por el túnel que lleva a la gloria?

Como si escuchase la pregunta no formulada, ella decide que ha llegado la hora y con su mano derecha acerca al invitado indeciso a la puerta de su huerto. Él se pregunta, ella se pregunta, si ese tímido amigo habrá crecido lo suficiente, se habrá endurecido lo suficiente como para adentrarse en el túnel que lleva a la gloria. Él no lo sabe. Ella lo siente. Y con su mano derecha ayuda al intruso indeciso a adentrarse por el túnel que conduce a la gloria. Despacito, despacito. Un túnel cálido y húmedo, que el invitado indeciso se decide a explorar hasta el fondo, y, una vez llegado al fondo, se queda, acurrucado, quietecito. Los labios de él buscan el capullo del pecho izquierdo de ella. Lo encuentran y lo besan y lo retienen y lo acarician con la lengua. Ella canta. Él ronronea. Cesa todo. Y él se deja. Y ella se deja. Y él se olvida. Y ella se olvida. Y pasa un tiempo sin tiempo. Y al cabo de un tiempo sin tiempo ella inicia con sus caderas una danza lenta, casi imperceptible pero perceptible. Y las caderas de él se unen a esa danza. Y el tímido amigo en el interior de la gruta se une a esa danza. Y la danza sube de tono, poquito a poco. Y los cantares de ella y el ronroneo de él suben de tono, poquito a poco. Y el amigo tímido en el interior de la gruta quiere y no quiere soltar su carga. Y ella quiere y no quiere recibir la carga. Pero quiere. Y él quiere también. Y algo estalla en la bodega, en una explosión que rompe los diques del vino fino y dulce y fuerte, que emborracha y despierta. Y ella canta, canta bien alto, y se calla. Y él muge, sí, muge como un buey y se calla.

Y él la besa a ella. Y ella le besa a él. «Te quiero mucho» – le dice ella al oído. «Te quiero mucho» – susurra él. Y se duermen. Y sueñan. Sin duda que sueñan. Sueños que a la mañana siguiente habrán olvidado, porque recordarán cómo, al poco de acostarse, cuando ya habían decidido dormir, la mano izquierda de él había comenzado a subir por la cintura de ella... y se había iniciado una danza que luego recordarán como en sueños.»

— Ese amigo de Usted sabe escribir.

— Sí, ya le he dicho que es escritor.

— ¿Y qué escribe?

— Novelas.

— ¿En qué editorial las ha publicado?

— No, no las publica.

— ¿Entonces?

— Las escribe para sí mismo y para los amigos, pero aún no ha encontrado una editorial.

— Quizás tenga éxito algún día.

— Sí, quizás cuando ya haya muerto. Pero bien, dígame qué le parece este acto de mi amigo.

— Me resulta conmovedor.

— ¿Y qué le resulta conmovedor?

— Me resulta conmovedor que una pareja ya mayor, que lleva más de treinta años junta, tenga un sexo tan tierno y tan intenso.

— Pero espero que no me pregunte Usted si ese acto es realista...

— No, ni se lo pregunto ni se me ocurre preguntárselo, porque me imagino que sí, que hay parejas así, tiernas y eróticas, eróticas y tiernas.

— Está bien. Pues veamos qué me dice Usted del acto siguiente. Y no le digo de quién es, porque quiero que Usted mismo lo adivine:

Como una flor bajo la lluvia

me corté la uña del dedo
del medio
de la mano derecha
bien corta
y empecé a sobarle[95] el coño
mientras ella estaba sentada en la cama
poniéndose crema en los brazos
la cara
y los pechos

---

95   sobar – englisch: rub, deutsch: streicheln, befummeln

después de bañarse.
entonces encendió un cigarrillo:
«tú sigue»,
y fumó y continuó poniéndose
crema.
yo continué sobándole el coño.
«¿quieres una manzana?», le pregunté.
«bueno», dijo, «¿tú vas a comer una?»
pero fue a ella a quien comí...
empezó a girar
después se puso de lado,
se estaba humedeciendo y abriendo
como una flor bajo la lluvia.
después se puso boca abajo
y su hermosísimo culo
se alzó ante mí
y metí la mano por debajo
hasta el coño otra vez.
estiró un brazo y me cogió
la polla, giró y se volvió,
me monté encima
hundía la cara en la mata
de pelo rojo
derramada alrededor de su cabeza
y mi polla tiesa entró
en el milagro.
más tarde
bromeamos sobre la crema
y el cigarrillo y la manzana.
después salí a la calle y compré pollo
y gambas y patatas fritas y bollitos
y puré y salsa y
ensalada de col, y comimos, ella me dijo
lo bien que lo había pasado y yo le dije
lo bien que lo había pasado y nos comimos
el pollo y las gambas y las

patatas fritas y los bollitos y el
puré y la salsa y
hasta la ensalada de col.[96]

¿De quién será?
— No sé, si no me da Usted una pista...
— Le diré que es una traducción del inglés, es decir del americano.
— Ah, pues será de Charles Bukowski.
— Exacto. Y aquí tiene el original:

Like A Flower In The Rain

I cut the middle fingernail of the middle
finger
right hand
real short
and I began rubbing along her cunt
as she sat upright in bed
spreading lotion over her arms
face
and breasts
after bathing.
then she lit a cigarette:
«don't let this put you off,»
an smoked and continued to rub
the lotion on.
I continued to rub the cunt.
«You want an apple?» I asked.
»sure, she said, «you got one?»
but I got to her-
she began to twist
then she rolled on her side,

---

96   Charles Bukowski: *20 poemas*, MP3, pp. 62–63. Traducción Cecilia Ceriani y Txaro Santoro. Mitos Poesía Pasión CD editado por Grijalb-Mondadori.

she was getting wet and open
like a flower in the rain.
then she rolled on her stomach
and her most beautiful ass
looked up at me
and I reached under and got the
cunt again.
she reached around and got my
cock, she rolled and twisted,
I mounted
my face falling into the mass
of red hair that overflowed
from her head
and my flattened cock entered
into the miracle.
later we joked about the lotion
and the cigarette and the apple.
then I went out and got some chicken
and shrimp and french fries and buns
and mashed potatoes and gravy and
cole slaw, and we ate. she told me
how good she felt and I told her
how good I felt and we
ate the chicken and the shrimp and the
french fries and the buns and the
mashed potatoes and the gravy and
the cole slaw too.

¿Y qué me dice?

— Que también ésta puede ser una pareja más o menos matrimonial.

— Por lo menos parece claro que es una pareja que vive junta. ¿Y qué más?

— Que también éste puede ser un acto real. Un sexo sencillo y cariñoso y simpático, con una carga notable de humor.

— No es una fantasía.

—- No, no es una fantasía, ni masculina ni femenina.

— Es un sexo real.

— Un sexo real, donde se siente el cariño de la pareja.

— En mi idea del sexo no puede faltar el cariño.

— En la mía tampoco.

— Seremos anticuados.

— Sí, quizás Usted y yo seamos anticuados.

¿Cuántas veces?

— Lutero dice que dos veces por semana.

— ¿Dónde lo dice?

— Yo que sé. A mí me lo ha contado no sé quién.

— Y a ese no sé quién se lo habrá contado otro no sé quién.

— No se ponga Usted así, hombre.

— Es que me molesta y hasta me cabrea[97] que nadie se meta a dar consejos en esto de cuántas veces.

— O sea que Usted no aconseja nada en este asunto.

— Ni en este ni en otros muchos asuntos tan personales como éste.

— Pero Usted mismo, ¿cuántas veces...?

— Cuántas veces ¿qué?

— ¿Cuántas veces hace el amor?

— ¿Al año?

— No, hombre, cuántas veces... por semana, por ejemplo.

— Pues eso depende.

— Depende ¿de qué?

— De muchas cosas.

— ¿De qué cosas, por ejemplo?

— Del tiempo, del clima, del lugar, de la hora, de la estación del año, de la salud mía y de la de mi mujer, del estado de ánimo mío y del de mi mujer, de la comida, de la bebida, del grado de cansancio mío y del de mi mujer, de las hormonas mías y de las de mi mujer... Y de una serie de imponderables[98] de los que no tengo ni idea.

— ¿Y la edad?

— De la edad y el sexo, del sexo y la edad ya hablaremos más tarde. Pero déjeme que le diga ya ahora, adelantando un poquito el tema, que sí, que parece que la edad juega un papel importante en esto de la frecuencia de los juegos amorosos.

---

97 *Me cabrea* ist eine nicht ganz anständige Art zu sagen, daß *es mich ärgert*. *Que nadie se meta: nadie* bedeutet in dieser Redewendung, paradoxerweise, *irgendjemand* oder einfach *jemand*.

98 imponderable – unwägbarer Faktor

— Los juegos amorosos... Wie schön! Die Liebesspiele...

— Me alegra que le guste. Pero déjeme que siga con eso de cuántas veces. Yo nunca he llevado la cuenta, pero me parece evidente que mi mujer y yo jugábamos bastante más cuando éramos jóvenes. Mi mujer incluso me cuenta que en los primeros años hacíamos el amor casi a diario.

— Fast täglich? Alle Achtung!

— A mí me parece que exagera, pero sí, es evidente que éramos bastante más activos que hoy.

— Eso es normal, me imagino.

— Hombre, claro que eso es normal. La sexualidad, como otras tantas funciones vitales, läßt mit dem Alter nach.

— ¿O sea que con la edad pierde en intensidad?

— Depende de lo que entendamos por intensidad. Si por intensidad entendemos simplemente la fuerza, die Kraft, es claro que sí, que la sexualidad, con la edad, pierde en intensidad.

— Hombre, unter Intensität verstehe ich die Dichte, la densidad, o la hondura, das heißt die Tiefe, la calidad, die Zärtlichkeit, o sea la ternura...

— So gesehen diría yo que con la edad mi sexualidad ha ganado en intensidad.

— Das freut mich.

— Mich auch. Pero, por el momento, dejemos la edad de lado y volvamos a la pregunta de que cuántas veces conviene hacer el amor. Y no se me moleste Usted si le digo que esa pregunta está mal planteada.

— Yo no le he planteado a Usted esa pregunta. ¿Pero por qué está mal planteada?

— Porque lo fundamental en el amor, como en tantas otras cosas, no es la cantidad sino la calidad.

— Hombre, eso está claro. La calidad del sexo es fundamental. Pero una cierta cantidad también lo es.

— Sí, sí. Una cierta cantidad también es fundamental. Pero ¿qué cantidad? Para responder a esa pregunta...

— Le repito que esa pregunta no la he hecho yo.

— No, no, Usted no ha hecho la pregunta explícitamente, pero la pregunta va implícita cuando Usted dice que «una cierta cantidad también es fundamental».

— Se trata de la relación entre cantidad y calidad en el sexo.

— Sí, de eso se trata. Y si Usted quiere que yo intente definir la relación entra cantidad y calidad en el sexo, me gustaría contarle lo que me contó mi amigo Hüseyin, un flautista turco, regordete y risueño, que chapurrea[99] el alemán lo mismo que el francés y que me cuenta sus historias chapurreando una mezcla de francés y de alemán.

— Bueno, wenn Sie meinen ...

— Ich meine. Al final me dará Usted la razón.

— Pues cuénteme la historia de Hüseyin.

— Gerne. Hüseyin se crió en un pueblecito de la región del Mar Negro, y con 16 años se casó, o más bien lo casaron, con una chiquilla de su misma edad.

— Una historia muy común.

— Sí, muy común. Cuando Hüseyin se casó, estaba convencido de que un hombre es tanto más hombre cuantas más veces consigue penetrar a la mujer.

— Sagt er *penetrieren*?

— Bien, él no utiliza la palabra penetrar, pero eso es lo que quiere decir. Y por lo visto no era Hüseyin el único que pensaba así, pues otros turcos me han contado que un hombre de verdad debe cumplir con su deber al menos tres veces cada noche.

— ¿Qué me dice Usted? Seine «Pflicht» mindestens dreimal jede Nacht erfüllen?

— Lo que oye. Y el pobre Hüseyin se las veía y se las deseaba[100] para responder cada noche al ideal de virilidad o de hombría que le habían inculcado.

— Ein Alptraum!

---

99   chapurrear – radebrechen

100   se las ve y se las desea – er schafft es mit größter Mühe

— Sie sagen es. Una pesadilla. Y ocurrió que al pueblo de Hüseyin llegó un geólogo francés a hacer no sé qué investigaciones de campo.

— Feldforschungen?

— Sí. Y el geólogo francés se llevaba de ayudante en sus excursiones a aquel muchacho recién casado. Y fueron cobrando confianza, y mientras Hüseyin le enseñaba al geólogo francés los rudimentos del turco, el geólogo le enseñaba a Hüseyin los rudimentos del francés. Y como el geólogo por lo visto era tan charlatán como Hüseyin mismo, no tardaron en mantener, en una ensalada de turco y francés, largas conversaciones über Gott und die Welt.

— Und über die Liebe.

— Eso es, y sobre el amor. Y no sé qué le contaría Hüseyin al geólogo acerca de su propios problemas, el caso es que el geólogo le dijo un día una frase que para Hüseyin fue una revelación y supuso una liberación. No sé si se lo dijo en francés o en turco. Hüseyin me ha transmitido la frase en alemán: «Weniger Sex und mehr Liebe.»

— Menos sexo y más amor.

— Eso es, menos sexo y más amor.

— ¿Y qué me quiere decir Usted al contarme esta historia? A mí nadie me ha dicho que tenga que cumplir mi deber de macho al menos tres veces por noche...

— Por favor, no se me moleste. La historia de Hüseyin y el geólogo francés, que culmina en la frase «menos sexo y más amor» tiene valor como correctivo para quienes en el sexo buscan la cantidad y no la calidad y en último término mecanizan el sexo.

— Eso para mí está claro. El ideal sería que hubiera una correspondencia entre la calidad y la cantidad.

— Y esa correspondencia es óptima cuando se da una harmonía entre el sexo y el amor, cuando el sexo se nutre del amor y el amor se nutre del sexo.

— Pero eso es un ideal.

— Sí, es un ideal. Toda la realidad está hecha siempre de compromisos, y la realidad amorosa no es una excepción a esta regla. La realidad amorosa está hecha de compromisos entre el amor y el sexo, y sí, entre la calidad y la cantidad.

— Sí, bien, pero eso es muy abstracto. Porque no me negará Usted que una cierta cantidad es indispensable para una cierta calidad.

— No le entiendo.

— Que si a mi mujer o a mi amiga, suponiendo que tenga una mujer o una amiga, apenas le apetece o no le apetece en absoluto hacer conmigo el amor, mala señal. No debe de quererme mucho si no le apetece jugar conmigo. Es decir, que si el sexo desaparece de mi relación con mi amiga, será que ha desaparecido el amor.

— Hombre, claro, a no ser que haya razones de fuerza mayor que impidan el sexo, como una ausencia forzada o una enfermedad, por ejemplo.

— Pero en una convivencia amorosa no se puede excluir el sexo...

— ¡Evidente! Y en ese sentido el amor exige una cierta frecuencia del sexo, que unas veces culmina en el coito y otras no.

— ¿Ve Usted? Una cierta frecuencia, una cierta cantidad...

— Y no es que el amor exija el sexo como un derecho o como una obligación, sino que lo busca, y lo busca porque lo está pidiendo, porque el amor es sexual.

— Así que está claro que hay una relación entre intensidad del amor y frecuencia del sexo.

— Pero esa relación entre sexo y amor no se puede compendiar en fórmulas matemáticas...

— Claro que no. No se puede decir: «Si no hay sexo cada semana es que ya no hay amor.»

— ¿Sabe lo que le digo? Que el termómetro o el barómetro del amor no es la frecuencia del coito sino el clima de ternura en la pareja.

— Pero esa ternura tendrá que culminar también en el coito...

— No se preocupe Usted, la ternura en la pareja llevará, una y otra vez, por sí sola al coito, sin necesidad de llevar contabilidad ninguna. Y en este sentido me parece que lo que aquel geólogo francés quería decirle a Hüseyin no era «menos sexo y más amor» sino «menos coito y más ternura».

— Sí, puede ser, pero Hüseyin lo entendió.

— Sí, yo también creo que Hüseyin entendió que lo que aquel geólogo francés quiso decirle era: «No te obsesiones por la frecuencia del coito. Dale prioridad a la ternura.» Y yo me imagino que la conversación pudo seguir así: Hüseyin, obsesionado como está por la cantidad, pregunta: «¿Y cuánta ternura?» El francés, sin titubeos, le responde: «¿Ternura? ¡Toda!» Hüseyin insiste: «¿Y cuántos coitos?» El francés no duda: «Todos los que surjan de la ternura.» Hüseyin no pregunta más, da vueltas y más vueltas a aquellas palabras tan nuevas del geólogo francés, y llega a la conclusión: «Also weniger Sex und mehr Liebe.»

Nicht nur Handarbeit

— Al comienzo de su novela *Mazurca para dos muertos* cuenta Camilo José Cela cómo «a Lázaro Codesal lo mató un moro a traición, lo mató mientras se la meneaba debajo de una higuera...»

— Sospecho lo que es eso de *meneársela*, pero no estoy seguro.

— Pues déjeme que se lo explique: *menear* es schwenken, schütteln, rühren; *la* es, mit Verlaub, la picha, la chorra, la polla...

— Der Schwanz?

— Sí, der Schwanz.

— O sea que *meneársela* significa *sich einen runterholen* oder einfach *wichsen*.

— Sí, lo que en lenguaje más elegante se llama masturbarse.

— ¿Masturbarse? ¿Como verbo reflexivo? Im Deutschen heißt es *masturbieren*, ohne den Zusatz *sich*.

— Sí, en castellano se distingue entre masturbarse a sí mismo y masturbar a otra persona.

— Ah ja!

— De todos modos en mi tierra lo normal era, y creo que lo sigue siendo, decir que alguien *se la menea* o que *se hace una paja*.

— ¿Hacerse una paja? ¿Sich einen Strohhalm machen? ¿Y eso qué es?

— Pues masturbarse.

— ¿Y eso por qué?

— Vaya usted a saber. He intentado averiguarlo por diversos caminos y nadie sabe darme una explicación medianamente plausible. Así que, siguiendo con nuestro tema, déjeme que le diga que esto de meneársela y de hacerse una paja son expresiones que sólo se utilizan cuando se tiene mucha confianza.

— Sí, ya me imagino que no son palabras muy elegantes...

— Hombre, no, elegantes no son, como *wichsen* tampoco lo es.

— El tema de la masturbación, ya de por sí, es muy poco elegante, e incluso bastante tabú.

— Si ya el hablar del sexo, en general, es un asunto muy delicado, especialmente tabuizado está el tema de la masturbación, que para muchos sigue siendo una práctica sexual vergonzosa, por no decir perversa.

— Yo he leído no sé dónde que en todas las culturas tradicionales se ha considerado que el sexo tiene que estar subordinado a la... Fortpflanzung.

— A la procreación o a la reproducción.

— Gracias. Le decía que no sé dónde he leído que en todas las culturas tradicionales el sexo tenía que tener, de algún modo, relación con la reproducción o con la...

— Con la procreación.

— Sí, con la procreación. Y que por eso las prácticas masturbatorias se consideraban y en parte se siguen considerando como una especie de... una especie de *Mogelei*.

— Una especie de trampa o de fraude.

— Sí, una especie de trampa o de fraude contra el orden natural, porque quien se masturba derrama el semen fuera del recipiente previsto por la naturaleza.

— Das ist ja ein toller Ausdruck: «Wer masturbiert, verschüttet den Samen außerhalb des von der Natur dafür vorgesehenen Behälters ...» Wo haben Sie das her?

— Ich sagte schon: Irgendwo gelesen. Was dagegen?

— No, no; tiene Usted razón al decir que hay quienes consideran la masturbación como un fraude contra el orden natural, porque quien se masturba derrama el semen fuera del recipiente previsto por la naturaleza. Das geht sogar so weit, que incluso el derramamiento involuntario del semen, durante el sueño por ejemplo, lleva un nombre de lo más sucio: *polución*.

— Que significa Verunreinigung.

— ¡Exacto! Polución significa ni más ni menos Verunreinigung.

— Bueno, pero en nuestras sociedades se ha liberalizado mucho la sexualidad, y con ella el modo de ver las prácticas masturbatorias.

— Sí, pero tengo idea de que siguen existiendo prevenciones[101] contra la masturbación, como si fuese una práctica sexual no del todo legítima...

---

101 prevención – Vorbehalt

— Sí, sí; y muchos, incluso entre los tolerantes, sólo la consideran legítima im Rahmen eines sogenannten sexuellen Notstandes ...

— Sí, me imagino que tiene Usted razón: que muchos sólo admiten la masturbación como sucedáneo de la sexualidad «auténtica».

— Sozusagen como medida de emergencia cuando no se tiene acceso a las prácticas sexuales de pareja.

— Eso es. Y he de confesarle que a mí, que me crié en un ambiente en el que se perseguía la masturbación como el «pecado solitario» o el «vicio solitario», en el fondo me cuesta admitir que la masturbación sea una práctica sexual tan legítima como la más legítima.

— Und dabei ist das eine Art von Selbstbefriedigung, die niemandem schadet ...

— ¡Eso es! La masturbación es una práctica de autosatisfacción sexual que no perjudica a nadie. Pero Usted sabrá que hubo tiempos en que incluso los médicos, no sólo los curas, proclamaban que la masturbación era perjudicial para la salud, tanto física como mental.

— Wenn ich nicht falsch informiert bin, geht die Bibel sogar so weit, daß der masturbierende Onan von Gott getötet wird ...

— Sí y no. Lo que hace el pobre Onán, según la Biblia, no es masturbarse sino practicar el *coitus interruptus*.

— Aber man spricht von *onanieren* als Synonym von *masturbieren* ...

— Sí, aunque en castellano no exista el verbo onanieren, también en castellano se habla del onanismo como sinónimo de masturbación. Pero eso es un malentendido.

— Was ist ein Mißverständnis?

— Que, como le decía antes, lo que practica Onán en la Biblia no es la masturbación sino el *coitus interruptus*. ¿Ha leído Usted el texto de la Biblia en que se basa eso del onanismo?

— No.

— Pues vamos a leerlo, si le parece.

— Por mí...

— Está en el primer libro de la Biblia, que en alemán se llama das erste Buch Mose y en castellano el libro del Génesis o el Génesis a secas. Escuche:

«Judá tomó una mujer para su primogénito Er. Se llamaba Tamar. Pero Er, primogénito de Judá, ofendió al Señor, y el Señor le hizo morir. Entonces Judá dijo a Onán:
— Cásate con la viuda de tu hermano, cumple con ella tu deber de cuñado y dale descendencia a tu hermano.
Pero Onán, sabiendo que los hijos no serían suyos, *cada vez que se unía a la mujer de su hermano derramaba el semen en tierra* para no dar hijos a su hermano. Su conducta ofendió al Señor, y el Señor le hizo morir.» (Gen 38, 6–10)

— Mit Gott kann man nicht mogeln.
— No, Dios no se anda con bromas ni admite disidencias. Pero ya ve Usted: Onán no se masturba.
— No, Onán no se masturba, al menos en este texto. Así que *onanieren*, en rigor, tendría que sifnificar practicar el *coitus interruptus...*
— Que en castellano se llama *apearse en marcha*.
— ¡Apearse en marcha! Ein toller Ausdruck: aus dem fahrenden Zug springen, sozusagen.
— Sozusagen. Pero también se habla de *dar marcha atrás*, den Rückwärtsgang einschalten.
— *Apearse en marcha* y *dar marcha atrás...* No está mal. Son expresiones bien plásticas. La expresión coloquial alemana es menos plástica: rechtzeitig aussteigen.
— Sí, viene a decir lo mismo pero es menos plástica.
— Y Usted decía que en castellano no hay un verbo derivado de Onán...
— Pues no. Y es curioso, porque sí existe el sustantivo onanismo.
— Merkwürdig! Pero déjeme que vuelva a la palabra masturbación: Phonetisch betrachtet ist masturbieren ein häßliches Wort, meinen Sie nicht auch?
— Doch, doch. Masturbarse es, desde el punto de vista fonético, una palabra muy fea. Suena francamente mal.
— Absichtlich?
— Kann schon sein. Y la etimología más citada es también de malísimo gusto. Dicen que *masturbari*, el verbo latino, viene de *manu*

stuprari, que significaría algo así como *sich mit der Hand schänden*.

— ¿Cómo diría Usted *schänden* en castellano?

— En castellano antiguo diría *mancillar*.

— ¿Y en castellano moderno?

— Profanar, ultrajar, deshonrar...

— Keine schmeichelhaften Wörter allesamt.

— No, no son palabras muy halagüeñas que digamos.

— ¿Pero hay otras etimologías?

— Sí, otros estiman que masturbación proviene de *mas*, que dicen que sería el órgano genital masculino en griego, y *turbatio*, que en latín significa excitación.

— Bueno, sería una etimología más benigna.

— Sí, sería sin duda una etimología más benigna. Pero déjeme que le cuente algo que acaba de venirme a la memoria. Usted sabe que yo hice el bachiller en un internado de frailes.

— Sí, lo sé. Y, si mal no recuerdo, los frailes de su internado eran jesuitas.

— Ya veo que Usted tiene buena memoria.

— No, lo que ocurre es que Usted me lo ha contado muchas veces.

— Siento darle la lata.[102] Ya veo que me repito. Son cosas de la edad.

— No se preocupe. Hay quienes se repiten más que Usted aun siendo mucho más jóvenes que Usted.

— Gracias. Es un consuelo. Aunque ya sabe Usted aquello de que «mal de muchos, consuelo de bobos»[103].

---

102 dar la lata – behelligen

103 Lo comento en Besserwisser IV, p 152: «*Mal de muchos, consuelo de bobos*: Otro de esos refranes que yo creía monopolio del castellano. Hasta que descubrí el siguiente refrán alemán: *Ein übler Trost, im Unglück nicht allein zu sein.* Der spanische Spruch ist allerdings eine Idee böser, denn er nennt geradeaus jene Menschen dumm, doof, *bobos*, die sich damit trösten, daß das Unglück auch viele andere erwischt hat. Literalmente dice el refrán castellano: *Der Vielen Unglück ist den Dummen Trost.*»

— Sí, es uno de los refranes que Usted más repite... Perdón, no quería volver sobre el tema.

— No se preocupe. Es inevitable. Ya verá cómo se repite también Usted cuando sea de mi edad...

— Hay males peores que ése. Peor que repetirse es olvidarse...

— Muy bien dicho: peor que repetirse es olvidarse. Gracias.

— Pero cuénteme lo que quería contarme sobre su internado.

— No me lo va a creer Usted, pero estaba muy mal visto e incluso hasta prohibido que nos metiéramos las manos en los bolsillos del pantalón.

— ¿En los propios bolsillos del propio pantalón?

— En los propios bolsillos del propio pantalón.

— ¿Y eso por qué?

— Einmal dürfen Sie raten ...

— Wohl nicht wegen ...

— Wohl deswegen. Weswegen sonst?

— Aquellos frailes tenían una fantasía un tanto perversa...

— Algunos sí, no hay duda.

— Por cierto, Usted y yo llevamos un rato hablando de la masturbación exclusivamente desde el punto de vista masculino.

— Es normal. Usted y yo no somos mujeres.

— Sí, pero la masturbación es una práctica sexual tan propia de las mujeres como de los hombres.

— Sí, claro.

—Entonces es grotesco decir que una mujer *onaniert.*

— Sí, es grotesco. Pero ya hemos hablado de ese malentendido. En cambio la definición de masturbación que trae el *Diccionario de la Academia* es aplicable tanto a la mujer como al hombre: «masturbación. Estimulación de los órganos genitales o de zonas erógenas con la mano o por otro medio para proporcionar goce sexual.»

— Also nicht nur Handarbeit.

— Sí, la masturbación no es necesariamente trabajo manual. Las mujeres, por ejemplo, pueden estimularse con un pene artificial que suele llamarse *consolador.*

— Consolador, Tröster ... Ein hübsches Wort.

— Que también se llama *vibrador.*

— Sí, pero vibrador es una palabra mucho menos poética.

— Por cierto que en el *google.es* he encontrado 572.000 entradas con la palabra *consolador*. Ein beliebtes Wort anscheinend.

— Und anscheinend ein beliebtes Instrument.

— Wie dem auch sei, nicht alles in diesem Bereich ist also Handarbeit. Por eso hay quienes, en lugar de hablar de masturbación, hablan de autoerotismo o de prácticas autoeróticas.

— Hablar de autoerotismo sería más correcto que hablar de masturbación.

— Sí, sería más correcto y suena mejor.

— Quizás un día no se hable más de masturbación sino de autoerotismo.

— En alemán muchos hablan ya de Selbstbefriedigung ...

— Sí, ein etwas umständliches Wort, aber immerhin besser als onanieren und masturbieren.

— Ja, besser, aber nicht optimal.

— Nein, nicht optimal.

P. S.:

A los pocos días mi joven interlocutor me llamó por teléfono:

— ¿Conoce Usted a un tal Karl Kraus?

— Sí, un poco.

— ¿Y qué sabe Usted de él?

— Que era un escritor vienés, un satírico, de la primera mitad del siglo XX.[104]

— ¿Un señor de mala leche?

— Sí, un fulano[105] inteligentísimo y de muy mala leche. Pero, ¿por qué me lo pregunta?

— Porque en la red he encontrado dos frases de Karl Kraus acerca de la masturbación, dos frases, die es in sich haben.

— Dos frases que se las traen.

---

104 nacido en 1874 y muerto en 1936

105 *Fulano* equivale mehr oder weniger a *Kerl*.

— Gracias. Dos frases que se las traen. Escuche la primera: «Sagen Sie nichts gegen Masturbation – es ist Sex mit jemandem, den man wirklich liebt.»[106]

— Sí, la frase me suena, pero yo pensaba que era de Woody Allen.

— Pues por lo visto no. Y dígame qué le parece mi traducción: «No diga Usted nada contra la masturbación – es practicar el sexo con alguien a quien de verdad se quiere.»

— Bueno, no está mal. ¿Y la segunda frase?

— La segunda es explosiva: «Eine Frau ist gelegentlich ein ganz brauchbarer Ersatz für Masturbation.» ¿Qué le parece?

— Explosiva e irrespetuosa en grado sumo. ¿Y su traducción?

— No sé, no me atrevo del todo.

— Vamos, diga.

— Wenn Sie mich bitten ...

— Ich bitte Sie.

— Allá va: «Una mujer puede en ocasiones ser un sucedáneo aceptable de la masturbación.»

— Toll!

— Was ist toll, der Satz von Karl Kraus oder meine Übersetzung?

— Beides.

---

106 Karl Kraus, zitiert aus Fackel 277/278 58; «Pro domo et mundo»

De frígidas y cachondas

— ¿Qué se dice cuando una mujer pierde las ganas de hacer el amor?

— ¿En castellano o en alemán?

— En castellano, porque en alemán se dice que la mujer es *frigide*.

— Pues igual se dice en castellano: de una mujer que no acciona ni reacciona eróticamente se dice que es *frígida*, un adjetivo puramente latino que no significa sino fría.

— Frigide, also einfach kalt. Y lo contrario de frígida es cachonda, wenn ich nicht irre.

— Sí y no. Porque frígida y *cachonda* pertenecen a dos niveles distintos de lenguaje. Frígida pertenece a un lenguaje más o menos académico, mientras que cachonda pertenece a un lenguaje decididamente coloquial, no del todo «decente».

— Pero, aunque no sea del todo decente, tiene que ser una palabra muy normal, porque la palabra cachonda o cachondo la he escuchado yo muchas veces en España.

— Pero no siempre en un contexto sexual...

— No, no siempre en un sentido sexual.

— Sí, el adjetivo *cachondo* equivale más o menos al adjetivo alemán *geil*, que puede tener el sentido de *erotisch heiß*, pero que también se utiliza para decir que alguien es simpático, gracioso, divertido.

— O que algo es agradable, interesante...

— Sí. Y existe además el verbo *cachondearse,* que equivale prácticamente a burlarse.

— Yo también he oído decir que «esto es un cachondeo», y me parece entender que eso se dice cuando una cosa no se toma en serio, cuando cada cual hace lo que le parece, sin tener en cuenta a los demás o sin tener en cuenta lo convenido... So was wie *Unfug*, oder?

— Nicht ganz. Vielleicht *Unsinn, Blödsinn* ...

— Oder *Ulk machen, rumalbern* ...

— Ja schon. Mehr oder weniger.

— Aber nicht ganz?

— Nein, nicht ganz. Pero déjemos el cachondeo y volvamos a las mujeres frígidas.

— No es que a mí las mujeres frígidas me interesen mucho...

— No, no, a mí tampoco. Pero lo que quiero decirle es que por lo visto hay muchos machos, es decir muchos hombres, que, cuando no les funciona la cosa con una mujer, no se les ocurre nada mejor que decir que esa mujer es frígida...

— Quiere Usted decir que la culpa de la frigidez de una mujer suele tenerla el hombre...

— Tanto no digo yo. No digo que la culpa de la frigidez de una mujer *suela* tenerla el hombre. Digo que un macho, es decir un hombre, ante la frigidez de una mujer, no debe acogerse a la solución fácil echándole la culpa a la frigidez de la mujer.

— Das ist mir klar. Der Mann muß sich selbst in Frage stellen, wenn eine Frau, zum Beispiel seine Frau, sich frigide verhält.

— Sí, sobre todo cuando su propia mujer, con él ni acciona ni reacciona.

— Lo que Usted dice me parece muy razonable.

— Sí, pero no creo que sea lo normal. No creo que la mayoría de los machos sea tan razonables. De todos modos preguntaré a una amiga que sabe mucho de eso.

— ¿Es frígida esa amiga suya?

— No, no es frígida, es psiquiatra.

— Verstehe.

— Así que por hoy dejamos el tema. Seguiremos con él una vez que haya hablado con mi amiga la psiquiatra.

Una semana después:

— ¿Ha hablado Usted ya con su amiga la psiquiatra?

— Claro.

— ¿Y qué le ha dicho?

— Primero se ha reído de mí, porque dice que hoy los entendidos ya no hablan de frigidez.

— ¿Y de qué hablan hoy los entendidos?

179

— Ella me lo ha dicho en alemán. Wortwörtlich sagte sie mir, Frigidität sei eine veraltete, oft als Gefühlskälte abwertend verwendete Bezeichnung für sexuelle Empfindungs- und Funktionsstörungen der Frau.

— Und wie heißen diese Störungen heute?

— Meine besagte Freundin meint, solche Störungen werden heute als Orgasmusstörung oder verminderte Libido bezeichnet.

— Ah ja. ¿Y en castellano?

— Le he preguntado a un amigo argentino que es psicólogo...

— Los amigos de Usted saben de todo...

— Sí, tengo amigos de lo más interesantes.

— ¿Y qué le ha dicho su amigo?

— Como buen argentino me ha echado un discurso larguísimo. Resumiendo: reconoce mi amigo que comúnmente se sigue hablando de frigidez, pero que en realidad el término *frigidez* pertenece al pasado.

— O sea que es un término superado que sólo utilizan los ignorantes como Usted y yo.

— Sozusagen. Mi amigo me explicó que la palabra frigidez no enfoca correctamente el problema; más bien lo distorsiona...

— ¿Distorsionar?

— Verzerren.

— Wenn wir also von Frigidität der Frau sprechen, verzerren wir das Problem ...

— So wie wir anscheinend das Problem verzerren, wenn wir von der Impotenz des Mannes sprechen ...

— Das ist ja interessant.

— Sehr! Pero sigamos con la frigidez de la mujer, que ya no debemos llamar frigidez. Mi amigo argentino me confirmó lo que yo ya sospechaba y que he insinuado más arriba: que hablar de una mujer frígida es hablar desde una perspectiva sexista.

— ¿Sexista o machista?

— Sexista y machista vienen a decir lo mismo. Yo en realidad prefiero decir machista.

— Y yo también.

— Pues sigamos. Mi amigo desciende a detalles y dice que esa «disfunción de excitación sexual», comúnmente llamada frigidez, muchas veces se debe a que el hombre desconoce la anatomía femenina y la función de los genitales, en particular del clítoris. Y también puede deberse a la falta de técnicas efectivas para lograr la excitación sexual.

— ¡Qué complicadas son las cosas, verdad! Con lo sencillo que sería[107] seguir hablando de mujeres cachondas y frígidas...

— ...y de hombres potentes e impotentes...

— Realmente, die Aufklärung macht die Dinge nicht unbedingt leichter.

— Así es, el saber complica a veces la existencia, mientras que la ignorancia facilita a veces las cosas.

— Es fragt sich nur für wen.

— Tiene Usted toda la razón. El machismo, por ejemplo, facilita las cosas para el macho, no para la hembra.

— Sí, el machismo es una forma de dominio basada en gran parte en la ignorancia del varón. El macho machista es un ignorante.

— Ignorante por partida doble: porque ni sabe el daño que le hace a la mujer ni el daño que se hace a sí mismo con su comportamiento machista. Está privando a la mujer y está privándose a sí mismo de lo mejor del sexo, que es la ternura y el cariño.

— Es decir, que el macho machista no sabe lo que es el amor. Así que nunca entenderá a los Beatles cuando cantan: *all you need is love*.

— Lo entenderá mal, porque reducirá *love* al sexo, y el sexo lo reducirá a su propia descarga sexual.

— Sí, por lo visto hay hombres que reducen el sexo a su propia descarga eyaculativa.

— Wau! ¡Hay hombres que reducen el sexo a su propia descarga eyaculativa! Ist das auf Ihrem eigenen Mist gewachsen?

— Sozusagen.

---

107 con lo sencillo que sería... – und dabei wäre es so einfach ...

— Gratuliere! Y quizás sea eso lo que queremos decir cuando hablamos de que hay hombres para quienes la mujer no es más que un objeto.

— Y las mujeres, ¿no hay mujeres que reducen el love al sexo y el sexo a su propia descarga orgiástica?

— Supongo. Pero yo de mujeres entiendo muy poco. Y Usted no parece entender de mujeres mucho más que yo.

— Pero Usted tiene amigos y amigas que entienden de todo...

— Sí, habrá que preguntar a algún amigo.

— O a alguna amiga.

— Sí, o a alguna amiga.

La edad y el sexo

— Und eines Tages ist alles aus ...

— Ja schon, un día se acaba todo. Aber was meinen Sie? ¿Quiere Usted decir que un día nos morimos y que con la muerte se acaba todo?

— No, yo no quería decir algo tan metafísico. Yo quería decir que un día se acaba el sexo.

— ¿En la humanidad?

— No, en la vida de cada uno.

— ¡Explíquese!

— Tengo entendido que el sexo, a una cierta edad, va perdiendo fuerza, das heißt, daß der Sex irgendwann nachläßt, bis er dann, wenn wir alt genug sind, völlig verschwindet.

— ¿Y eso quién se lo ha dicho a Usted?

— No lo sé. ¿Es que acaso no es cierto?

— Es cierto y no lo es. Es cierto que, a partir de una cierta edad, la libido, la potencia disminuye...

— Que es lo que digo yo...

— Sí, y es cierto que, a una cierta edad, muy distinta según los casos, suele disminuir en el hombre la capacidad de erección y con ella la capacidad de penetración.

— Disminuir e incluso desaparecer.

— Sí, la capacidad de erección disminuye e incluso puede desaparecer por completo.

— Que es lo que decía yo...

— Sí, pero eso no quiere decir que desaparezca el sexo.

— ¡Explíquese!

— El sexo no se limita a lo que llamamos acto sexual, es decir al coito.

— Sí, claro.

— El sexo no se limita a la erección, a la penetración...

— Sí, claro.

— Al orgasmo se puede llegar sin penetración.

— Sí, claro.

— El placer sexual no se limita al placer del orgasmo.

— Sí, claro.

— El placer sexual es también el placer de contemplarse, vestirse, desnudarse, piropearse, tocarse, abrazarse, acariciarse, excitarse...

— Sí, claro.

— El órgano sexual no está sólo en los genitales.

— Sí, claro.

— El órgano sexual está también en los ojos y en los oídos y en el gusto y sobre todo en el tacto.

— Sí, claro.

— El órgano sexual está en la piel, en toda la piel.

— Sí, claro.

— El órgano sexual está también en la memoria.

— Sí, claro.

— Y en la fantasía.

— Está bien. Ich ergebe mich!

— ¿O sea que Usted se rinde?

— Sí, me rindo.

— ¿O sea que Usted no volverá a decir que con la edad se acaba el sexo?

— Prometo no volver a decirlo.

— Está bien. Ahora que Usted promete no volver a decir que con la edad desaparece el sexo, le reconoceré que la cosa no es tan simple como pudiera parecer al escuchar lo que yo acabo de decir.

— Sehen Sie?

— Es cierto que con la edad no desaparece el sexo, pero también es cierto que no es fácil acostumbrarse a los cambios que, en la vida sexual, impone la edad.

— ¡Explíquese!

— Me explico. Y déjeme que se lo diga primero en alemán, porque en alemán acaba de decírmelo una amiga, la psiquiatra, a la que consulto siempre que tengo dudas en este terreno.

— ¿La misma que le explicó a Usted lo de la frigidez?

— La misma. Pues bien, según esta amiga, parece estar claro que «die Häufigkeit sexueller Funktionseinschränkungen beim Mann mit zunehmendem Alter ansteigt». Es decir, que los viejos, cuanto más viejos somos, tantas más limitaciones padecemos en nuestra sexualidad.

— Können wir es nicht einfacher sagen? So zum Beispiel: Je älter der alte Mann, desto problematischer seine Sexualität.

— Sí, no está mal: Con la edad aumentan los problemas en la vida sexual del hombre.

— ¿Y hablando en concreto?

— Meine Freundin, die Psychiaterin, wird konkreter: «Hormonell bedingt nehmen sowohl Orgasmus- als auch Erektionsfähigkeit ab.» Es decir que, por culpa de las hormonas, con la edad disminuyen en el hombre la capacidad de erección y la capacidad de llegar al orgasmo.

— Aber was bedeutet «mit zunehmendem Alter»?

— En castellano diríamos «con la edad».

— Eso es una expresión muy vaga.

— También podríamos decir «cuanto más viejo».

— Auch sehr vage. El problema es: ¿a partir de cuándo podemos decir que un hombre empieza a ser viejo?

— Eso es una cosa muy relativa.

— Ab fünfzig?

— Würde ich auch sagen. A partir de los cincuenta. Y de hecho es esa la edad que toma como punto de referencia mi amiga cuando dice: «Neuere Studien belegen, dass fast die Hälfte aller 50jährigen Männer über Erektionsstörungen klagen.» Es decir, que según estudios recientes casi la mitad de los hombres en los cincuenta tiene dificultades de erección.

— ¿Casi la mitad?

— Casi la mitad. ¡Vaya broma!

— ¡Toca madera!

— Sí, toca madera.

— Pero bueno, qué quiere decir eso de que tienen Erektionsstörungen? Kriegen sie ihn nur mit Schwierigkeiten hoch oder kriegen sie ihn überhaupt nicht hoch?

— Pues no lo sé. Yo supongo, por propia experiencia, que unas veces se les pone pina sin dificultades, otras veces con dificultades y otras no se les pone pina en absoluto. Y que, por lo tanto, nunca pueden estar seguros de si van a tener éxito o no.

— Así que quien tiene una erección tiene éxito y quien no la tiene no tiene éxito, es decir fracasa.

— Was stört Sie denn dran?

— No, nada. Ich finde es aber amüsant.

— Amüsant? ¿Divertido? ¡Ya se ve que Usted es joven! Si Usted fuera «viejo» y tuviera «problemas de erección» no lo encontraría tan divertido. Es ist alles andere als amüsant.

— Está bien, está bien. Ich finde nicht die Sache amüsant, sondern nur, wie Sie darüber reden, wenn Sie von Erfolg oder Mißerfolg reden. ¡No se ofenda!

— No, no me ofendo, sólo me mosqueo.

— ¿Y eso qué es?

— Daß ich nicht beleidigt bin, nur etwas verschnupft.

— Está bien, retiro mi observación y escucho.

— Pues escuche lo que me dice mi amiga, la psiquiatra: «Bei den 60jährigen sind es 57 Prozent und bei den 70jährigen sogar 67 Prozent.»

— O sea que el 57 por ciento de los sexagenarios y el 67 por ciento de los septuagenarios tienen problemas con la erección... Francamente, no sé si admirarme de que sean tantos o de que sean tan pocos.

— Sie haben Humor.

— Pero de todos modos me dan pena esos 57 por ciento entre los sexagenarios y esos otros 67 por ciento entre los septuagenarios con sus problemas de erección...

— No me extraña que a Usted, tan joven, le den pena los que tienen o tenemos problemas de erección. Pero me permito recordarle que tener problemas de erección no equivale a no tener sexo. Escuche lo que me dice mi amiga: «Nach einer amerikanischen Untersuchung hatten in einer Gruppe mit einem durchschnittlichen Alter von 86 Jahren noch 64% der Frauen und 82% der Männer regelmäßig sexuelle Kontakte.» Es decir que según esa encuesta realizada con hombres y mujeres con una edad media de 86 años, nada menos que el 64 por ciento de las mujeres y el 82 por ciento de los hombres tenían regularmente contactos sexuales.

— Sí, bueno, pero ¿qué quiere decir «regularmente» y qué quiere decir «contactos sexuales»?

— *Regularmente* quiere decir, meines Erachtens, que los contactos sexuales los tenían con una cierta regularidad, also nicht nur gelegentlich. Y «contactos sexuales» son contactos sexuales...

— Also nicht unbedingt Geschlechtsverkehr.

— Sí, claro, no necesariamente el acto sexual mit allem Drum und Dran.

— No necesariamente, aber nicht ausgeschlossen?

— Eso es. No se llega necesariamente al coito, pero el coito no se excluye. Mi amiga me cuenta que con la edad el coito va dejando de estar en el centro de la vida sexual. Es un proceso doble: por una parte disminuye el número de los contactos sexuales, y por otra parte se produce «eine Verschiebung vom Geschlechtsverkehr hin zu vermehrt anderen zärtlichen sexuellen Kontakten». Es decir que, con la edad, la ternura pasa cada vez más a ocupar el centro de la vida sexual.

— Bueno, en realidad es la ternura el núcleo más valioso de la sexualidad, unabhängig vom Alter. Meine ich.

— Y tiene Usted mucha razón al pensar así.

— Und die Selbstbefriedigung?

— Sí, mi amiga me dice que «der Austausch von Zärtlichkeiten oder auch die Selbstbefriedigung kann wichtiger werden als der eigentliche Geschlechtsverkehr».

— ¿O sea que, con la edad, la masturbación puede pasar a jugar un papel tan importante...?

— Por lo visto.

— Was Sie nicht sagen ...

— No, no lo digo yo, lo dice mi amiga, la psiquiatra, que sabe mucho de sexualidad.

— ¿Por experiencia o por los libros?

— Más por los libros que por experiencia.

— Está bien. Sigamos. Así que yo me pregunto y le pregunto a Usted cómo suelen reaccionar las personas mayores cuando se producen estos cambios en su vida sexual.

— No sé, imagino que cada cual reaccionará a su manera. Pero seguro que hay parejas que ven estos cambios como la cosa más natural del mundo y se adaptan a las nuevas circustancias llevando una vida sexual no centrada en el coito.

— ¿Cree Usted?

— ¿Por qué no? Es una reacción razonable.

— ¿Y Usted cree que hay muchas personas mayores con un comportamiento sexual razonable?

— ¿Por qué no? Supongo que, también en este punto, hemos hecho progresos. Yo quiero imaginar que mi generación ha aprendido algunas cosas...

— No sé. Tengo entendido que aun hoy hay mucha gente que no puede imaginarse que las personas mayores sigan practicando el sexo. Mir ging es nicht viel anders, als wir dieses Gespräch angefangen haben.

— Sí, es un prejuicio muy corriente. Un prejuicio que a veces tiene sus ventajas...

— ¿Ventajas?

— Sí, mi amiga me cuenta que hay mujeres que se aprovechan de ese prejuicio para liberarse de la sexualidad.

— Wie denn?

— Mi amiga lo expresa así: «Manche Frauen nutzen das Älterwerden, um sich von der Verpflichtung zu sexuellen Aktivitäten zu befreien.»

— ¿Para liberarse del deber sexual?

— Sí, la cosa tiene su lógica. Una mujer que durante años e incluso decenios ha «sufrido» el coito, como una obligación enojosa[108], puede un día liberarse de esa obligación diciendo: «No, no, a mi edad ya no hay sexualidad. Se acabó lo que se daba.[109]»

— Un prejuicio puede traer sus ventajas...

---

108 enojoso – lästig

109 *Se acabó lo que se daba:* Redewendung, die in etwa bedeutet: Es ist aus bzw. ich mache nicht mehr mit.

— Sí, claro, pero lo mejor sería superar los prejuicios que pesan sobre la vida sexual de los «viejos». Y los primeros que tienen que superarlos son ellos mismos.

— Y ellas mismas.

— Sí, y ellas mismas. De modo que ellos y ellas gocen de una vida sexual lo más placentera[110] posible, aun sin coito.

— Pero imagino también que, con los adelantos de la medicina, cada vez habrá más «viejos» y «viejas» que no se contenten con practicar una sexualidad sin coito...

— ¿Se refiere Usted a los efectos milagrosos del viagra?

— Sí, a los efectos del viagra y de otros medicamentos parecidos.

— No sé qué le diga.

— ¿Tiene Usted algo en contra de esos medicamentos?

— Tengo mis reservas y mis miedos.

— ¿Por qué miedos? ¿Ha hablado Usted acerca de esos miedos con su amiga, la psiquiatra?

— Sí, claro.

---

110 placentero – lustvoll, vergnüglich

— ¿Y?

— Mi amiga me dice que no hay que tenerles miedo a esos medicamentos. Ni miedos ni reservas. Ella los compara con las gafas.

— Mit der Brille?

— Sí, con las gafas. Ella me dice: «Ich vergleiche es mit einem Brillenträger: Ihm wird schließlich auch nicht gesagt, er brauche keine Brille mehr, er habe schon genug gesehen.»

— ¿Y a Usted le convence ese argumento?

— No sé si me convence, pero me gusta.

— Pues a mí no sólo me gusta sino que me convence. Yo supongo que, cuando sea «viejo», no tendré inconveniente en tomar esas pastillas.

— Suponiendo que Usted tenga problemas de erección cuando sea viejo...

— Supongo que los tendré.

— ¿Y por qué lo supone?

— Porque ya hoy, que no soy viejo ni mucho menos, no soy un prodigio de potencia.

— ¡Qué bonito!

— ¿Qué es lo bonito?

— Cómo traduce Usted «Potenzwunder». Porque supongo que lo está Usted traduciendo...

— Sí, supongo que inconscientemente. Pero dígame por qué no le convence el argumento de las gafas.

— Yo creo que me convence, pero me cuesta ver con naturalidad esas otras gafas, las «gafas» que nos permiten superar los problemas de erección.

— Halten Sie etwa eine so hervorgerufene Erektion für einen Betrug?

— No, Betrug es una palabra muy fuerte. No, no pienso que una erección conseguida con ayuda del viagra sea un engaño ni mucho menos un fraude. Pero sí tiene algo de trampa en el juego...

— Mogeln?

— Sí, más o menos.

— No veo yo por qué. Tomar viagra o algo parecido es corregir a la naturaleza sin hacer daño a nadie.

— Eso está muy bien dicho. Corregir a la naturaleza sin hacer daño a nadie.

— Corregir a la naturaleza es algo que hacemos continuamente, no sólo en la medicina.

— Tiene Usted razón, la cultura y la técnica están corrigiendo continuamente a la naturaleza. Y eso no es necesariamente un fraude ni una trampa. Es una manipulación, eso sí.

— ¿Y? Las gafas son una manipulación, la aspirina es una manipulación, un puente es una manipulación, una tortilla de patatas es una manipulación...

— Tiene Usted razón. Manipular a la naturaleza es sólo reprobable cuando con esa manipulación hacemos daño a alguien...

— Y con una erección «manipulada» no hacemos daño a nadie...

— Me está Usted convenciendo. Creo que voy a hablar pronto con mi médico.

— Ya me contará.

— Sí, ya le contaré. Así que podemos terminar por hoy.

— No, no. Espere Usted, porque se me ocurre que hemos olvidado algo muy importante.

— Usted dirá.

— Hemos olvidado que hay viejos...

— No diga Usted que hay viejos, que eso suena muy mal. Diga que hay personas mayores...

— Pero yo no quiero hablar de personas mayores, en general; quiero hablar en concreto de hombres mayores. Y lo más sencillo es hablar de viejos.

— Bien, von mir aus. ¿Qué quiere Usted decir acerca de nosotros, los viejos?

— Pues quiero decir que no es raro que los viejos intenten rejuvenecer, rejuvenecer sexualmente.

— ¿A base de hormonas?

— Sí, también a base de hormonas. Pero yo me refiero a otra clase de hormonas. Me refiero a que no pocos viejos intentan hacer una cura hormonal juntándose o incluso casándose con una mujer joven.

— Bueno, sí; con una mujer joven e incluso con una chica joven, que muy bien pudiera ser su hija. Y así viven una nueva primavera...

— Una nueva primavera o una nueva juventud.

— Y a su mujer, que ya no funciona como antes, cuando era joven, la mandan a paseo.

— Y yo me pregunto más de una vez: ¿Cómo es que una mujer tan joven, incluso una chica joven se deje seducir por un viejo?

— Puede que a algunas mujeres les apetezca acostarse con un hombre que muy bien pudiera ser su padre.

— Puede. Pero puede que sea el dinero, la situación económica lo que las convence...

— Y a veces se llevan una gran sorpresa, como la mujer aquella que canta la copla:

Me casé con un viejo
Por la moneda;
La moneda se acaba
Y el viejo queda.

— Una copla de muy mala leche.

— La vida tiene a veces muy mala leche.

— Sí, la vida tiene a veces un humor muy negro.

— ¡La vida!

«... qué te diera por un beso.» (G. A. Bécquer)

Vivir sin sexo

— Supongo que no necesitaremos discutir para ponernos de acuerdo en que el sexo, la sexualidad, la vida sexual es de primerísima importancia en la vida de las personas.

— No, en eso estamos de acuerdo.

— Y a pesar de todo hay hombres y también mujeres que pretenden vivir sin activar su sexualidad.

— ¿Se refiere Usted al celibato?

— Sí, al celibato me refiero, tanto al masculino como al femenino: al intento de vivir una vida asexuada.

— Por motivos religiosos...

— El celibato puede obedecer a ideales religiosos, pero también a ideales puramente ascéticos. Y hay también quienes se quedan o se hacen célibes simplemente por comodidad.

— ¿Por comodidad?

— Sí, para ahorrarse problemas. Porque es un hecho que el juego entre el macho y la hembra es un juego de lo más complicado.

— Y de lo más peligroso.

— Sí, y bastante peligroso.

— Pero no tan complicado ni tan peligroso como para que sea preferible renunciar completamente a la comunicación sexual...

— Esto del sexo, como todo, es muy relativo, de modo que yo casi entendería a quienes renuncian a la sexualidad para no complicarse la vida.

— ¿Lo dice Usted en serio?

— Medio en serio. Pero lo que ya me cuesta más es entender el celibato cuando se practica por motivos religiosos.

— ¿Qué quiere Usted decir?

— Quiero decir que esos hombres y esas mujeres que practican el celibato religioso han renunciado al sexo no por razones pragmáticas, para no tener hijos, por ejemplo, sino porque renuncian expresamente a lo que el sexo tiene de placer.

— ¿Y por qué cree Usted que renuncian al placer del sexo?

— Los motivos son seguramente muy diversos. Yo diría que el motivo predominante es la renuncia en cuanto ofrenda.

— Der Verzicht als Opfer?

— Der Verzicht als Opfer, lo que llamamos sacrificio.

— Sacrificio, Opfer ... Was opfern Sie? Und wem?

— Sacrifican su sexualidad y se la ofrecen, se la ofrendan a Dios.

— ¿Y para qué?

— Para hacer méritos ante Dios.

— Um von Gott belohnt zu werden?

— Sozusagen. Pero también hay quienes ofrecen a Dios su sexualidad para desagraviarlo.

— ¿Desagraviar?

— Agraviar es beleidigen.

— Y *desagraviar* será algo así como *Genugtung geben*, supongo yo.

— Y supone Usted bien.

— Para desagraviar a la Divinidad le ofrecen lo mejor de su sexualidad... Eso es una especie de... Menschenopfer.

— Sí, es una especie de sacrificio humano.

— ¡Qué horror!

— Sí, es un horror. Y un horror, o mejor dicho una pena es que hay también quienes renuncian a la sexualidad porque le tienen miedo.

— Bueno, un cierto miedo es al principio normal en el sexo, pero el miedo se pasa...

— Sí, un cierto miedo al principio es normal. Pero yo no me refiero a ese miedo. Yo me refiero a un miedo que más que miedo es asco, repugnancia...

— Bueno, yo me imagino que quien haya hecho experiencias sexuales dolorosas no es extraño que le tenga miedo al sexo.

— Sí, claro.

— Y me imagino también que quien haya tenido experiencias sexuales humillantes e incluso repugnantes, no es extraño que sienta repugnancia y asco por el sexo.

— Sí, claro. Es el caso, por ejemplo, de mujeres que han sido violadas...

— Y también es el caso de mujeres de las que han abusado cuando eran niñas.

— Der Mißbrauch in der Kindheit und die Vergewaltigung son experiencias traumáticas. Es ist verständlich, wenn sie eine Abneigung gegen den Sex hervorrufen.

— Sí, es comprensible que el abuso en la infancia, la violación y otras experiencias sexuales dolorosas o humillantes provoquen una aversión contra el sexo. Y esa aversión lleva a una renuncia, que yo no llamaría celibato, pues yo, por celibato entiendo una renuncia más o menos voluntaria al sexo.

— Entonces ¿a qué miedo y a qué repugnancia se refiere Usted?

— Me refiero a quienes, aun sin haber tenido experiencias sexuales traumáticas, ven lo sexual como una actividad fea, baja, incluso repugnante...

— Pero esto ya es un asunto abiertamente patológico...

— Patológico sí, pero no siempre abiertamente. Y muy antiguo.

— Wie alt?

— Auf jeden Fall älter als das Christentum.

— ¿Anterior al cristianismo?

— Sí, claro, anterior al cristianismo. Mein Freund Eugen Brötler, que sabe mucho de estas y de otras muchas cosas, schreibt mir, er halte Sexualfurcht und Sexualekel für sehr alte Erscheinungen, viel viel älter als Augustinus' *inter feces et urinam nascimur.*

— Eso es latín, ¿verdad?

— Sí, es latín.

— ¿Y qué quiere decir?

— Quiere decir que *nacemos entre heces y orina.*

— Y eso es cierto.

— Sí, pero lo que Agustín quiere decir con ello es que todo ese terreno de la reproducción y por tanto de la sexualidad es asqueroso, porque tiene su punto central allí donde salen nuestros excrementos. Es más, a veces, al dar a luz, la mujer, involuntariamente, deja salir excrementos y orina.

— Así que es cierto lo que dice Agustín, que nacemos entre heces y orina.

— Es cierto pero no lo es. Es cierto que nuestros genitales son a la vez los orificios por donde expulsamos nuestros excrementos.

Pero no es cierto que por ello el sexo, el proceso de reproducción sea asqueroso.

— Sí, son dos funciones distintas, dos niveles distintos.

— Heine expresa fabulosamente, con su mejor ironía, la tensión entre esos dos niveles cuando escribe:[111]

> *Doch nun sage mir den Grund:*
> *Gott, der Schöpfer der Natur,*
> *Warum schuf er einfach nur*
> *Das skabröse Requisit,*
> *Das der Mann gebraucht, damit*
> *Er fortpflanze seine Rasse*
> *Und zugleich sein Wasser lasse?*
> *Teurer Freund, ein Duplikat*
> *Wäre wahrlich hier vonnöten,*
> *Um Funktionen zu vertreten,*
> *Die so wichtig für den Staat*
> *Wie fürs Individuum,*
> *Kurz fürs ganze Publikum.*
> *Eine Jungfrau von Gemüt*
> *Muß sich schämen, wenn sie sieht,*
> *Wie ihr höchstes Ideal*
> *Wird entweiht so trivial!*
> *Wie der Hochaltar der Minne*
> *Wird zur ganz gemeinen Rinne!*
> *Psyche schaudert, denn der kleine*
> *Gott Amour der Finsternis,*
> *Er verwandelt sich beim Scheine*
> *Ihrer Lamp' in Mankepiß.*
>
> *Also Teutolinde sprach,*
> *Und ich sagte ihr: Gemach!*
> *Unklug wie die Weiber sind,*
> *Du verstehst nicht, liebes Kind,*

---

111 H. Heine: *Zur Teleologie*

Gottes Nützlichkeitssystem,
Sein Ökonomie-Problem
Ist, daß wechselnd die Maschinen
Jeglichem Bedürfnis dienen,
Den profanen wie den heil'gen,
Den pikanten wie langweil'gen,
Alles wird simplifiziert;
Klug ist alles kombiniert:
Was dem Menschen dient zum Seichen,
Damit schafft er seinesgleichen.

— Pero no todos tienen la visión irónica de Heine.

— Sí, no todos tienen la visión irónica de Heine. Es más: hay quienes no soportan que el mismo órgano «que al hombre le sirve para orinar, le sirva para crear semejantes». Eso les produce asco. Y como les produce asco, renuncian a utilizar sus órganos como órganos sexuales.

— En realidad es esa una reacción hasta cierto punto comprensible...

— ¿Comprensible? Na ja. Hasta cierto punto comprensible cuando uno vive obsesionado por eso que llaman limpieza, Reinlichkeit. Hasta cierto punto comprensible cuando uno se avergüenza de tener que orinar y defecar. En ese caso es comprensible que uno se avergüence de tener que utilizar para el amor y el sexo los mismos órganos que para orinar y defecar.

— Wie wir in Deutschland sagen, solche Menschen schütten das Kind mit dem Bade aus.

— Tiene Usted razón. Pero yo no conozco en castellano una expresión semejante.

— Podríamos intentar traducirla...

— Podríamos.

— Por ejemplo: derraman al niño junto con el agua del baño.

— Bueno...

— Pero bien, ¿cree Usted que ese asco por lo sexual es la principal razón del celibato católico?

— No, yo no creo que ese asco por lo sexual sea la regla entre quienes en la Iglesia Católica renuncian a la sexualidad. Yo creo que la regla es que renuncian al sexo para ofrecérselo a Dios en beneficio de la humanidad, para que Dios se conmueva y sea bueno con los hombres....

— Me cuesta entenderlo, pero si Usted lo dice.

— Le estoy hablando por propia experiencia.

— Sí, lo sé.

— Más fácil de entender es otro de los motivos primarios del celibato: renuncian al sexo para no perder la libertad. O dicho de otro modo más concreto: renuncian al sexo porque saben o se imaginan que el sexo, al vincularnos a una persona, nos quita libertad.

— ¿Qué libertad?

— La libertad de espíritu, la libertad de movimientos, la libertad de sentimientos, la libertad para servir, la libertad de podernos dedicar a quien nos necesite, donde nos necesite y cuando nos necesite...

— ¿Y con el celibato consiguen esa libertad de espíritu, esa libertad para servir?

— Puede que algunos y algunas la consigan. Pero yo creo que muchos y muchas consiguen lo contrario.

— Sí, me imagino: cuanto más renuncian al sexo más piensan en él. Pero bueno, los célibes son una minoría exigua. La excepción que confirma la regla. No sé por qué les dedicamos tanto espacio en este libro.

— Minoría, pero interesante.

— ¿Por qué interesante?

— Porque es un intento de vivir en contra o al margen de una de las tendencias más primarias y más irresistibles de nuestra naturaleza humana, casi tan primaria y tan irresistible como la necesidad de comer y dormir.

— Hombre, la necesidad sexual y la necesidad de comer y dormir son tendencias o necesidades que se sitúan a niveles distintos. No se pueden comparar entre sí. Sin comer y dormir no se puede vivir, en cambio sin sexo...

— Sí, claro, sin comer y sin dormir no podemos vivir. En cambio sin sexo sí que podemos vivir, mehr oder weniger psychisch geschädigt, aber immerhin. Por eso yo distinguiría, como suelo hacer, entre sexo y cariño y diría que sin sexo se puede vivir...

— ¿Sin trastornarse?

— Sí, incluso sin trastornarse emocional o mentalmente; pero sin cariño no; sin cariño... sin cariño nos trastornamos, sin cariño no nos desarrollamos como personas.

— Ohne Zuneigung werden wir zu Mißgeburten.

— Sí, el cariño es absolutamente imprescindible.

— Sí, el cariño es absolutamente necesario.

— Pero volvamos al sexo mismo, que sin duda es un asunto clave para la salud mental. Tanto que buena parte de los trastornos psíquicos se deben a trastornos sexuales.

— Freud läßt grüßen!

— Bendito Freud, que nos enseñó a llamar las cosas por su nombre.

— Y, a pesar de ser de primerísima importancia el sexo, ¿insiste Usted en que es posible vivir sin activarlo?

— Sí, eso parece.

— Yo no conozco a nadie que viva sin activar de algún modo su sexualidad.

— Yo sí.

— ¿Usted qué?

— Que yo sí que conozco a gente que vive sin activar su sexualidad...

— ¿Está Usted seguro?

— Hombre, seguro, lo que se dice seguro... No me queda más remedio que creer lo que ellos dicen...

— ¿Y Usted les cree?

— A algunos sí.

— ¿No a todos?

— No, no a todos. A muy pocos. Pero de mí mismo puedo decirle, y espero que Usted me lo crea, que yo viví hasta mis treinta años sin activar en absoluto el sexo.

— A Usted se lo creo. Pero, ¿cómo lo consiguió?

— A base de eso que Freud llama sublimación. Yo estaba tan convencido de que mi misión me exigía ser célibe, que no me costó mucho trabajo renunciar a mi sexualidad.

— Was Sie nicht sagen ...

— Allerdings weiß ich nicht, wie es mir ergangen wäre, wenn ich dabei geblieben wäre. Imagino que, por mucha sublimación que hubiera practicado, a la larga se habría impuesto en mí mi naturaleza, que es y era una naturaleza sexual.

— ¿O sea que Usted, a partir de los treinta años, vive según su naturaleza?

— Más o menos.

IV. ¿Con hijos o sin hijos?

El amor es muy embarazoso

— ¿Usted sabe lo que significa *embarazo*?

— Hombre, pues creo que sí.

— Und das wäre?

— Schwangerschaft.

— Sí, exacto. Embarazo significa Schwangerschaft. Y Usted sabrá también lo que significa *embarazoso*, ¿no?

— Sí, claro: embarazoso es algo que estorba, que nos impide hacer algo, also *hinderlich, verfänglich* ...

— *Peinlich* auch, wenn es um die Lage geht: una situación embarazosa.

— Esto no lo sabía yo.

— ¿Y embarazar?

— Was meinen Sie?

— Que si sabe Usted lo que significa embarazar.

— Hombre, pues creo que sí. Embarazar significa schwängern.

— Sí, embarazar es schwängern, y quedarse embarazada es schwanger werden. Pero ¿conoce Usted el otro sentido de embarazar?

— Hombre, si Usted me lo pregunta así, supongo que embarazar significará también *estorbar, impedir, hindern, hemmen* ...

— Und auch *in Verlegenheit bringen*.

— Ah ja. Es interesante, ¿verdad?

— ¿Qué es interesante?

— Este parentesco entre embarazar como estorbar, hindern, y embarazar como schwängern.

— Hombre, es hasta cierto punto obvio, porque una mujer que está embarazada está hasta cierto punto impedida; el embarazo la estorba, de modo que no tiene la misma libertad de movimientos, sobre todo en los últimos meses... Aunque yo conozco mujeres a las que el embarazo apenas las embaraza. Sin ir más lejos, mi mujer tuvo unos embarazos casi hasta cómodos; pero claro, al final no tenía la misma libertad de movimientos que al principio.

— No, yo no tengo experiencia en este terreno, pero tengo entendido que el embarazo suele ser una cosa bastante incómoda, o sea... embarazosa.

— Sí, lo ha dicho Usted muy bien: el embarazo suele ser una cosa bastante embarazosa. Así que, si seguimos desarrollando esta idea, podemos decir que el amor es doblemente embarazoso: primero porque puede provocar un embarazo, y segundo porque complica mucho la vida.

— Hombre, no necesariamente. Hoy en día podemos evitar que el amor embarace a la mujer.

— Tiene Usted razón, hoy podemos evitar que el amor deje embarazada a la mujer. Lo que ya es más difícil es evitar que el amor nos complique la vida.

— Sí, eso ya es más difícil. En ese sentido el amor es francamente embarazoso.

— Y ya que hemos dicho que hoy podemos evitar que el amor deje embarazada a la mujer, ¿le suena a Usted la palabra Ogino?

— No, no me suena.

— ¿De verdad?

— De verdad.

— Und dabei könnte er Ihr Vater sein ...

— ¿O sea que Ogino es un señor?

— Sí, un señor. Y ese señor Ogino, Kyusaku Ogino por más señas, era un ginecólogo japonés de la primera mitad del siglo XX.

— Demasiado viejo para ser mi padre.

— Era un chiste.

— ¿Un chiste?

— Sí, un chiste que se contaba en mis años jóvenes, cuando estaba al rojo vivo[112] la discusión sobre los anticonceptivos.

— Über die Empfängnisverhütung?

---

112 *Rojo vivo* es *glühend rot*, y *estar al rojo vivo* es, según el Diccionario de María Moliner, estar «en estado de gran excitación». El Diccionario de la Academia explica que *al rojo vivo* se dice cuando están «muy exaltadas las pasiones».

— Sí, sobre los anticonceptivos o sobre el control de la natalidad.

— ¿Y el chiste?

— Una señora le cuenta a otra: «Yo tengo tres hijos: dos de mi primer marido y uno de mi segundo.» Y la otra señora le responde: «Pues yo tengo cuatro hijos: dos de mi marido y otros dos de Ogino.»

— ¿Y eso es todo?

— Sí, eso es todo.

— ¿Y dónde está el chiste?

— Usted es muy joven para entenderlo. Ahora se lo explico.

— Ich bitte drum.

— Ogino, como le decía, era un ginecólogo japonés que ideó un método para controlar la natalidad de un modo que se decía natural.

— ¿Por qué natural?

— Porque se decía que respetaba el proceso biológico natural.

— Wie das?

— Usted sabe que la mujer tiene un ciclo mensual o menstrual, también llamado período.

— Eso lo saben hoy los niños en el Kindergarten.

— Está bien. Así que Usted sabe también que ese ciclo no es siempre igualmente largo, es decir que varía de mujer a mujer y que puede variar también en cada mujer.

— Sí, lo sé.

— Pero no creo que eso lo sepan los niños en el Kindergarten...

— No, eso no.

— Está bien. Pero Usted sabe que durante ese ciclo, que dura más o menos cuatro semanas, la mujer no es fecunda o fértil durante todo el tiempo.

— Daß die Frau nicht durchgehend empfängnisfähig bzw. fruchtbar ist, das dürfte auch jedes Kind wissen.

— Is schon gut. Seien Sie froh, daß Sie einer aufgeklärten Generation angehören. A nosotros nadie nos explicó nunca nada.

— ¿Nadie les explicó nunca nada? Tres negaciones: nadie, nunca, nada. ¿No exagera Usted?

— No, no exagero nada. Y esta vez me bastan dos negaciones. Pero sigamos. La idea de nuestro ginecólogo japonés era en realidad muy simple: bastaría con saber qué días una mujer es fecunda o fértil, es decir empfängnisfähig, y qué días no lo es.

— Eso está claro: si se sabe cuándo es fecunda la mujer, muß sich das Paar nur an den fruchtbaren Tagen enthalten, um eine Schwangerschaft zu verhindern.

— ¡Exacto! Para evitar un embarazo basta con abstenerse durante los días fecundos. Y lo contrario también: para provocar un embarazo bastaría con hacer el amor en los días fecundos.

— Pero el problema es: ¿cómo se sabe qué días son fecundos y cuáles no?

— Eso es. Y por eso el señor Ogino ideó un sistema para saber los días fecundos y los infecundos. El sistema consiste en llevar la cuenta de las menstruaciones para saber cuánto dura el ciclo. La mujer debe llevar la cuenta durante unos doce meses. Por eso se llama también el método del calendario. Así sabe la mujer cuánto dura su ciclo o cuánto duran sus diversos ciclos.

— Sí, bueno, pero una vez que la mujer sabe cuánto dura su ciclo, ¿cómo sabe qué días del ciclo son fecundos?[113]

---

113 Restando 19 al número de días del ciclo más corto se sabe cuántos días son infértiles en la primera parte del ciclo. Y restando 10 al número de días del ciclo más largo se sabe cuántos días de la segunda parte son infecundos. Y los días que quedan en medio son fecundos. Así que, para una mujer cuyo ciclo

— Es un método complicado y además inseguro, porque a veces, sin saber cómo ni por qué, el ciclo se acorta o se alarga al adelantarse o retrasarse la ovulación.

— ¿Ovulación? Eisprung?

— Sí, ovulación es Eisprung.

— Claro, y entonces no sirven los cálculos hechos a base de los datos anteriores.

— Eso es. Supongamos que Usted y su amiga no se abstienen hoy, convencidos de que hoy no es día fértil...

— Lo siento mucho, pero ese ejemplo no vale.

— ¿Por qué no vale?

— Porque llevo una temporada bien solito.

— Bueno, pero supongamos que tuviera Usted una amiga y que su amiga y Usted hoy no se abstuvieran, convencidos de que hoy su amiga no es fértil.

— Está bien, supongamos todo lo que Usted quiera. Así que meine Freundin, die ich leider nicht habe, und ich enthalten uns heute nicht, weil wir errechnet haben, daß sie heute nicht empfängnisfähig ist ... Und dann passiert es dennoch.

— Y una mujer a la que le ha pasado eso dos veces dice que tiene dos hijos de Ogino.

— Ah! Ahora caigo. Ahora entiendo el chiste. La mujer a la que le ha fallado dos veces el sistema de Ogino dice que tiene dos hijos de Ogino...

— Y por lo visto, eso les ocurrió a muchas mujeres. De ahí que el método se llamara también *Katholiken-Roulette*, v*atikanisches Roulette* oder *römisches Roulette*.

— Warum denn vatikanisch, römisch?

— Porque era, aparte de la abstención absoluta, el único método admitido por la Iglesia Católica para controlar la natalidad.

— ¿Era y es?

—————————————

menstrual dura entre 29 y 35 días, se estima que es infértil los primeros 10 días de su ciclo (29 - 19 = 10), que es fértil entre los días 11 y 24, y que vuelve a ser infértil el día 25 (35 - 10 = 25).

— Sí, era y sigue siendo el único, porque en realidad ese método consiste en abstenerse, y abstenerse, sich enthalten, es el único método admitido por la Iglesia Católica.

— Immerhin: el método del calendario es un método de abstención parcial... Wie großzügig!

— Sí, es una concesión muy generosa.

— Tengo entendido que la Iglesia Católica ni siquiera permite el condón...

— Ni siquiera el condón.

— Ah ha! O sea que es cierto que el único anticonceptivo admitido por la Iglesia Católica es abstenerse, sich enthalten ... No acabo de creérmelo. Ist das möglich?

— Es la triste realidad. Eine traurige Wirklichkeit, über die man sich ärgern kann, die aber so lächerlich ist, daß man darüber witzeln kann, como en aquel chiste de un cura que recomienda un vaso de agua como método anticonceptivo. Aber ich erzähle es Ihnen lieber auf Deutsch. Das kann ich besser.

— Von mir aus ...

— Also der Pfarrer sagt zu einem einfachen Gläubigen: «Ein Glas Wasser ist die beste Methode, um eine Schwangerschaft zu verhindern.» Da fragt der Gläubige: «Davor oder danach?» «Stattdessen!», antwortet der Pfarrer.

— Ich kannte den Witz mit einem Rabbi.

— Yo también. Pero volvamos atrás. Usted había preguntado si es cierto que la Iglesia Católica ni siquiera permite el condón.

— Ja, ich frage, weil ich finde, daß es grotesk ist.

— Grotesco, perverso y todo lo que Usted quiera. La moral sexual católica es espeluznante.

— ¿Espeluznante?

— Haarsträubend.

— ¿Que tiene la Iglesia Católica contra el condón?

— Ya le decía que lo único que admite la Iglesia Católica es el abstenerse. Todos los demás métodos los rechaza por artificiales.

— ¿Artificiales? Künstlich? Kunstvoll? ¿Y eso qué tiene de malo?

— Que no responden a la naturaleza humana.

— ¿Y qué es la naturaleza humana?

— La Iglesia Católica lo sabe.

— Y suponiendo que sepamos qué es la naturaleza humana, ¿qué corresponde y qué no corresponde a eso que llamamos naturaleza humana?

— La Iglesia Católica lo sabe también. Ella sabe cuándo somos fieles y cuando engañamos a la naturaleza. Y argumenta diciendo que, puesto que Dios hizo la naturaleza humana, cuando «engañamos» a la naturaleza estamos engañando a Dios...

— O sea que, si yo me pongo un condón, estoy engañando a Dios.

— Ni más ni menos.

— ¿Y eso a Dios le preocupa?

— Por lo visto. Pero para entender mejor todo este asunto hay que saber que la Iglesia Católica está convencida de que el sexo está puesto por Dios sólo para que hagamos hijos. Y el placer del sexo es sólo lícito en función de hacer hijos, en función de lo que llamamos procreación, Fortpflanzung.

— De modo que si yo hago sexo excluyendo la procreación, es decir, si en el sexo busco el placer, la amistad, el amor... evitando sistemáticamente que mi amiga, mi mujer quede embarazada, estoy haciendo algo que por naturaleza es ilícito.

— Está Usted engañando a la naturaleza y por lo tanto a Dios, que fue quien hizo la naturaleza.

— Según eso, la Iglesia Católica no debería permitir ni siquierea el método de ese señor japonés...

— Tiene Usted razón. El que la Iglesia Católica permita el método de Ogino es una inconsecuencia, ein gewisser Widerspruch.

— Widerspruch oder nicht, ¡qué ideología tan curiosa! ¿Y quién le dice a la Iglesia Católica qué es y qué no es naturaleza?

— Dios mismo.

— Ja dann ...

— Ja dann! ¿Quiere que le diga lo que de verdad pienso?

— Claro está que sí.

— Tenga Usted en cuenta que la moral católica está construida por unos señores que, más o menos voluntariamente, han renunciado al sexo. Así que, o no practican el sexo, o, si lo practican, lo practican con un sentimiento de culpa.

— Naheliegend.

— Sí, es obvio que, si practican el sexo, tengan un sentimiento de culpa, porque se han comprometido ante Dios y ante la sociedad a vivir sin practicar la sexualidad.

— Nicht zu beneiden.

— No son de envidiar, no; porque si practican el sexo, kriegen sie ein Schuldgefühl ...

— Y si no lo practican, están frustrados, supongo yo.

— Y supone Usted bien.

— Das Unbehagen ist, so oder so, nicht zu vermeiden.

— No, una profunda desazón es inevitable. Und dann sehen sie uns, die wir ohne schlechtes Gewissen den Sex ohne Fortpflanzungsabsichten praktizieren und sogar genießen ...

— Sex ohne Unbehagen, das gönnen sie uns nicht. Alles unbewußt, nehme ich an.

— Genau! Tenga en cuenta que, como comentábamos hace poco, esos señores han renunciado al sexo no por razones pragmáticas, para no tener hijos, por ejemplo, sino porque renuncian expresamente a lo que el sexo tiene de placer.

— Und da sie selbst auf den Sex als lustbringend verzichten, verbieten sie uns, daß wir den Sex ohne Fortpflanzungsabsichten praktizieren.

— Sí, más o menos. Como ellos han renunciado al sexo por lo que tiene de placer, nos prohíben a nosotros que excluyamos del sexo la procreación y nos quedemos sólo con lo que tiene de placer.

— Die gönnen uns das nicht, sozusagen.

— Si, en el fondo, supongo que inconscientemente, nos tienen envidia.

— Puede que tenga Usted razón, porque la moral sexual protestante, so weit ich weiß, ist alles in allem o. k.

— Sí, los pastores protestantes llevan, en principio, una vida sexual normal. Así que no nos tienen envidia; además, cuando hablan del sexo, saben de qué están hablando y conocen los problemas por propia experiencia. Eso hace, por ejemplo, que mientras la Iglesia Católica rechaza de plano la píldora...

— ¿La píldora? Die Pille?

— Sí, la píldora es die Pille. Y le decía que, mientras la Iglesia Católica rechaza de plano la píldora, las Iglesias Protestantes la admiten como medio para controlar la natalidad.

— Que es una postura bien razonable.

— Eso pienso yo y eso piensan muchos. Pero Usted no se puede imaginar lo que supuso la píldora.

— ¿En qué sentido?

— En el sentido de que provocó unas controversias de lo más apasionadas y en el sentido de que revolucionó radicalmente el comportamiento sexual y por lo tanto la relación entre los sexos.

— Ein Leben ohne Pille kann ich mir schwer vorstellen.

— Sí, Usted no se puede imaginar una vida sin la píldora. Y sin embargo, hasta hace muy poco se vivía sin píldora.

— ¿Hasta hace muy poco? Tengo entendido que la píldora existe desde los años sesenta del siglo XX.

— Sí, sí, pero eso no es tiempo. Unas pocas décadas... Piense que, durante siglos y siglos no hubo métodos eficaces para evitar el embarazo.

— Sí, yo pienso a veces cuántas tragedias se habrán producido por embarazos involuntarios...

— Y yo pienso sobre todo en el miedo, el miedo al embarazo... Cosa que afecta sobre todo a la mujer.

— También hay hombres sensibles...

— Sí, sí, también hay hombres sensibles, capaces de compartir el miedo de la mujer... pero quien queda embarazada es la mujer y no el hombre.

— Hombre, ¡claro!

— Ese miedo era un miedo muy real que impedía llevar una vida sexual tranquila, alegre, relajada... Un miedo que repercutía en toda la vida de la pareja, pero sobre todo en toda la vida de la mujer. Recuerdo a aquella empleada de la U-Bahn en Berlín, una señora de unos sesenta años, de aquellas señoras de uniforme que en las estaciones daban la señal proclamando por altavoces: «Zurückbleiben!»

— Kenne ich nicht.

— No, no. Esto era el año 1973, allá por marzo. Y lo sé tan exactamente porque yo llevaba a mis espaldas a mi hija Julia, que tendría poco más de un año. Con mi hija Julia a las espaldas esperaba yo la llegada de mi tren, de pie junto a aquella especie de púlpito desde donde aquellas señoras de uniforme proclamaban su «Zurückbleiben!». No era raro que, al verme con mi hija a las espaldas en una especie de mochila, la gente entablara contacto conmigo, los unos para censurarme por llevar a una criatura de ese modo tan perjudicial, los otros para elogiarme por llevar a una criatura de ese modo tan favorable.

— Nunca se sabe.

— No, nunca se sabe. Lo cierto es que aquella señora de uniforme, al verme con mi hija a las espaldas, se puso comunicativa y comenzó a contarme los miedos que ella, y con ella toda su generación, pasó durante toda su vida adulta, los miedos a quedarse embarazadas... Hasta que la menopausia las liberó.

— Usted conocía a aquella señora...

— No, no. No la conocía de nada.

— Und trotzdem so mitteilsam ...

— Sí, se ve que había sufrido mucho con aquellos miedos.

— Y Usted ¿qué dijo?

— Daß wir es tatsächlich mit der Pille viel besser hatten. Y llegó mi tren, y la señora proclamó su «Zurückbleiben!», y yo le dije *Auf Wiedersehen* y ella me dijo *Tschüß*, y yo me fui con mi hija a las espaldas, y no volvimos a vernos...

— Hoy es la píldora la cosa más normal del mundo.

— Pero en aquel tiempo fue una revolución. Y las discusiones eran apasionadas, como le decía, sobre todo entre los católicos, hasta que el Papa Pablo VI, aquel hombre dubitativo[114], de ojos tímidos y asustadizos, puso las cosas en su sitio prohibiendo el uso de la píldora.

— ¿Por antinatural?

— Sí, por antinatural.

— ¿Y se acabaron las discusiones entre los católicos?

— Oficialmente sí, pero yo sé que muchos católicos, es decir muchas católicas utilizan la píldora como la cosa más natural del mundo.

— Aber mit Gewissensbissen ...

— Eso ya no lo sé. Supongo que habrá quienes tengan remordimientos y quienes no. Entre los católicos hay también gente muy emancipada que no se toman en serio todo lo que dicen el Papa, los obispos y los curas. Sobre todo cuando hablan del amor y el sexo.

— Menos mal.

— Sí, menos mal. Y con ello podemos dar por terminado este diálogo.

— Darf ich trotzdem ein paar Fragen stellen?

— Usted puede hacer todas las preguntas que quiera.

— Supongo que el condón en castellano se llamará también *preservativo*...

— Sí, claro. Y es lógico, porque preservar significa proteger, evitar...

— Verhüten halt. Deswegen heißt es auch *Verhüterli*.

— Nett. Wußte ich nicht.

---

114 dubitativo – zögerlich

— Pero Usted sí que sabe que se llama *Pariser*.

— Sí lo sé, y sé por qué. ¿Y Usted lo sabe?

— Supongo que porque de París vienen todos los vicios...

— Nicht ganz. Mi *Illustriertes Lexikon der deutschen Umgangssprache* dice que *Pariser* es la abreviatura de «Pariser Gummiwaren», que era el nombre que llevaban los condones que se importaban de París a partir de 1875.

— Interessant. ¿Y sabe Usted por qué se dice condón, bzw. das Kondom?

— El *Diccionario de La Academia* dice muy serio que la palabra condón viene de «*Condom*, higienista inglés del siglo XVIII, que fue su inventor».

— ¿Su inventor? Yo tengo entendido que el preservativo es una cosa muy antigua... Por lo visto se han encontrado condones incluso en tumbas de faraones.

— Pero claro, los condones de goma son mucho más modernos. Antes se hacían de tela, que no eran muy eficaces, y de tripas de cordero, por ejemplo.

— Yo he leído en Wikipedia que hay muchas teorías sobre el origen de la palabra condón. La más extendida y quizás la más probable es que el condón debe su nombre al coronel inglés Dr. Condom, médico de Charles II. Y por lo visto este señor Condom, en el siglo XVIII, recomendaba el uso de preservativos hechos de tripa de carnero para evitar embarazos, pero también para evitar infecciones como la sífilis.

— Lo mismo que ahora se recomienda el uso del condón para evitar el SIDA...

— ¿Y la Iglesia Católica no permite el condón ni siquiera para evitar el SIDA?

— No, ni siquiera para evitar el SIDA.

— Y con el nuevo Papa, con el señor Ratzinger, ¿no han cambiado las cosas?

— Pero ¿qué se ha creído Usted? En cuestiones de moral sexual el señor Ratzinger es un troglodita.

— ¿Un troglodita? ¿Y eso qué es?

— Ein Höhlenmensch.

— Un Papa troglodita... Así no podemos concluir este diálogo, ¿no le parece?

— No, así no. De modo que déjeme que le diga que, al hablar del embarazo, he olvidado contarle que embarazar es también *preñar*, y que una mujer embarazada es una mujer *preñada*, del verbo preñar, que es también schwängern.

— ¡Ah, claro! Ahora comprendo por qué en alemán decimos *prägnant*.

— Sí, prägnant ist eine Aussage, die so voll ist von Sinn bzw. Inhalt, daß sie beinahe birst. Entró en el alemán el siglo XVII a través del francés *prégnant*, que viene del latín *pregnans*, que significa *schwanger*.

— Pero hoy apenas se dice que una mujer está preñada, ¿no?

— No, es una expresión más bien arcaica. La palabra que yo aprendí de niño no fue ni preñada ni embarazada, sino *encinta*.

— ¿En cinta? In Band?

— Todo lo contrario.

— ¿Todo lo contrario?

— Sí, porque no es *en cinta*, sino *encinta*, que viene del latín *incincta*, que significa *no ceñida*.

— Ungegurtet? Está muy bien. Die schwangere Frau trägt in den letzten Monaten keinen Gürtel, sie verträgt ihn ja nicht. Also ungegurtet, incincta, encinta... Eine tolle Etymologie.

— De una mujer encinta trata un chiste que contábamos en nuestros años mozos, que en aquel entonces sonaba un tanto atrevido y que hoy resulta absolutamente inofensivo.

— No me dé más explicaciones y cuénteme el chiste.

— Bien, allá va: Una mujer va por la calle con su hijo de unos siete años. A su lado pasa una mujer encinta, más o menos en el octavo mes. El chico le pregunta a su madre: «Mamá, ¿qué lleva esa mujer en la tripa?» La mamá le responde: «Agua, hijo, agua.» El hijo comenta: «¡Ay pobre niño, se va a ahogar!»

— No está mal del todo. Déjeme que intente contarlo yo en alemán.

— Como Usted quiera.

— Eine Frau geht mit ihrem siebenjährigen Sohn spazieren. Da sehen sie eine hochschwangere Frau. Der Junge fragt seine Mutter. «Mama, was hat die Frau im Bauch?» «Wasser, mein Sohn, Wasser,» antwortet die Mutter. Der Junge kommentiert: «Armes Kind! Es wird ertrinken.»

— Me gusta, me gusta sobre todo el que haya traducido Usted «una mujer encinta, más o menos en el octavo mes» por «eine hochschwangere Frau».

— Wie hätten Sie es übersetzt?

— Ne, ne, es ist schon richtig. En castellano no tenemos equivalente de hochschwanger. Y mi diccionario traduce hochschwanger por: *muy avanzada en su embarazo.*

— Umständlich.

— La alternativa que da mi diccionario es: en *meses mayores.*

— No, no me gusta.

— A mí tampoco.

— Así que no podemos traducir al castellano aquel Kalauer que a mí tanto me gusta: Lieber hochschwanger als niederträchtig.

— No, no hay traducción posible.

— Pues dejémoslo y vámonos a dar un paseo.

— Sí, a lo mejor nos encontramos con una hochschwangere Frau.

— Y yo le preguntaré a Usted: «Señor Aparicio, ¿qué lleva esa mujer en la tripa?»

— Y yo le responderé: «No, amigo mío, no lleva agua. Es que está embarazada, preñada o encinta.»

— Gehen wir also!

— Sí, vámonos.

¿Hacer hijos por amor?

— Lo que hemos hablado en el capítulo anterior me parece muy claro: Ich lasse mir von niemandem verordnen, vom Papst schon gar nicht, ob ich beim Sex an das Zeugen denke oder das Zeugen verhindere.

— ¡Muy bien dicho! Yo no dejo que nadie, y mucho menos el Papa, me dé órdenes sobre si, al hacer el amor, tengo que pensar en procrear o no.

— Und trotzdem!

— Und trotzdem was?

— Y a pesar de todo me pregunto si no existe una cierta obligación de hacer hijos.

— ¡Explíquese!

— No hace falta dar grandes explicaciones. Basta con repetir la pregunta, esta vez en alemán: Trotzdem frage ich mich, ob wir nicht einer gewissen Pflicht obliegen, Kinder zu machen. Anders formuliert: Inwieweit besteht eine gewisse Pflicht, Kinder zu machen? ¿Hasta qué punto tenemos, es decir hasta qué punto tengo yo la obligación de tener hijos?

— Primero ha preguntado Usted «si no existe una cierta obligación de hacer hijos», y luego ha introducido Usted una variante muy sutil preguntando «hasta qué punto tenemos, es decir hasta qué punto tengo yo la obligación de tener hijos». El que Usted pregunte «hasta qué punto» me hace suponer que Usted cree que «hasta un cierto punto» tenemos una cierta obligación de hacer hijos.

— No, no es que lo crea, ni mucho menos que esté convencido. Nein, es ist nicht eine Meinung und eine Überzeugung schon gar nicht ... Ein Verdacht schon eher. Una sospecha... Eigentlich ein Gefühl.

— Una sensación.

— Sí, una sensación. La sensación de que, si no tengo hijos, me falta algo...

— ¿Algo esencial?

— Sí, algo esencial. La sensación de que, si no hago hijos, estoy siendo infiel...

— ¿Infiel? Untreu?

— Ne, das mit der Treue und der Untreue ist hier die falsche Fähr-te. Ich versuche es anders: Ich habe das Gefühl, wenn ich keine Kinder habe, fehlt mir was als Mensch.

— ¿Usted tiene la sensación de que, si no tiene hijos, le falta, como persona, algo esencial?

— Sí, más o menos. Es la sensación de que, si no tengo hijos, me falta algo muy humano, quizás lo más humano... Que, si me muero sin haber tenido hijos, me muero – erlauben Sie mir diesen drama-tischen Ausdruck – mutilado, incompleto, no siendo persona más que a medias.

— Creo que le entiendo.

— Lo que yo quiero decir es que a veces me pregunto si, al no tener hijos no estaré dejando sin activar, sin cumplir una tendencia humana fundamental, natural.

— ¿Una tendencia, un instinto, einen Trieb?

— Ja, einen angeborenen Trieb.

— Hier muß ich widersprechen. Yo pienso que el procrear, el tener hijos no es una tendencia, no es un instinto de la persona humana.

— Meinen Sie tatsächlich, daß die Fortpflanzung kein angeborener Trieb ist?

— Ja, das meine ich. El sexo, en cambio, sí; el sexo sí que es una tendencia natural, innata. Que el macho y la hembra se busquen, se atraigan, se unan, se emparejen, practiquen el sexo, hagan el amor, eso sí que es una tendencia innata. Pero el hacer hijos, no; el hacer hijos no es una tendencia innata. Hacer hijos, procrear, es un deseo muy extendido, muy normal, incluso un deseo mayoritario...

— No sé, en mi generación no sé si la mayoría desea tener hijos...

— Sehen Sie? Así que yo creo que el tener hijos no es una tenden-cia natural; yo creo que es un mecanismo, un mecanismo natural.

— ¿Un mecanismo?

— Sí, un mecanismo, eine Vorrichtung. Más exactamente un auto-matismo, por no decir una trampa.

— Eine Falle?

— Sozusagen. Ein Automatismus, eine Falle, die zuschnappt, wenn wir uns paaren und dabei nicht aufpassen oder was dagegen unternehmen. Es decir un mecanismo, un automatismo, una trampa en la que caemos si nos descuidamos.

— Falle, das ist starker Tobak.

— Sí, trampa es una palabra muy fuerte. Pero insisto en que este mecanismo es una trampa: El sexo es el cebo...

— ¿Cebo?

— Köder.

— Wieder ein starker Tobak!

— Insisto. El sexo, es decir el placer sexual es el cebo, y el embarazo es la trampa, una trampa que no avisa...

— Der Sex als Köder ... Der Gedanke ist nicht ganz abwegig ... Es sei denn, beim Sex strebe ich ausdrücklich die Fortpflanzung an. Dann ist der Sex kein Köder und die Schwangerschaft keine Falle.

— Sí, claro, esa es la otra cara de la medalla: podemos hacer el sexo con la intención de hacer hijos.

— Eso es. Y entonces ese mecanismo o ese automatismo ya no es una trampa.

— No, en ese caso el sexo ya no es una trampa.

— Es ist dann ein Mechanismus, ein lustvoller Mechanismus, der, wenn er funktioniert, uns die Lust und die Freude eines erfüllten Wunsches bereitet: die Freude, unsere schwangere Frau zu betrachten; die Freude, bei der Entbindung dabei zu sein, die Freude, das Kind zu pflegen, seine Entwicklung zu beobachten, mit dem Kind das Leben zu teilen ...

— ¡Exacto! Lo ha dicho Usted muy bien. Als hätten Sie schon Erfahrung als Vater. Déjeme que lo repita en castellano: «El sexo es entonces un mecanismo que, al funcionar, nos produce el placer de ver un deseo cumplido; el placer de ver a nuestra mujer embarazada, de verla parir, de cuidar al bebé, de verlo desarrollarse, de compartir con él la vida...»

— Son cosas en las que pienso mucho. Und manchmal sehne ich mich danach.

— ¿Y es tan intenso su deseo de tener hijos, que a veces lo siente como una obligación?

— Sí, puede ser.

— Pero, miradas las cosas fríamente, nada ni nadie nos obliga a tener hijos.

— No sé qué le diga. A veces me hago la pregunta de si no será verwerflich ...

— Reprobable.

— A veces me pregunto si no será reprobable el negarse a tener hijos.

— ¿Por qué reprobable?

— Porque es una postura muy egoísta.

— Puede ser una postura egoísta, pero también puede ser que nos neguemos a tener hijos por muy diversas razones que no son necesariamente egoístas.

— Sí, sí, eso está claro. Pero en mi caso, yo sí que sería egoísta si me negara a tener hijos.

— Si tan fuerte es su deseo de tener hijos, ¿por qué no los tiene?

— Porque no he encontrado aún a la mujer con la que me gustaría tenerlos. Es más, con mi última amiga rompí precisamente por eso: yo quería hijos y ella no.

— ¿Categóricamente?

— «Sin vuelta de hoja» se dice, ¿verdad?

— Sí, categóricamente, sin vuelta de hoja. ¿Pero Usted está seguro de que intentó convencerla?

— Und ob!

— ¿Y cuáles eran los argumentos suyos, es decir de ella?

— Su principal argumento era realmente muy serio: mi amiga pensaba que no tenía lo que ella llamaba vocación de madre.

— ¿Y en alemán?

— Sie sagte, daß sie sich nicht dazu berufen fühlte, Mutter zu sein.

— Was meinte sie damit?

— Ella quería decir que tenía miedo a no saber ser madre, miedo a no ser una buena madre...

— ¿Y de dónde le venía ese miedo?

— De su madre. Von wem denn sonst! Su madre había sido una madre que era madre como quien cumple una obligación, sin cariño. Y mi amiga pensaba que eso había producido en ella un déficit emocional, una incapacidad para ser tierna...

— Konnte sie nicht zärtlich sein?

— Doch, doch. Conmigo sí. Pero ella tenía miedo a no ser tierna con sus hijos, si los llegara a tener... ¿Y sabe Usted? La cosa era muy complicada, porque no era esa la única razón por la que mi amiga no quería tener hijos. Sie meinte außerdem, Kinder zu machen sei heutzutage unverantwortlich.

— No es ella la única que piensa así. Yo conozco a más de uno y a más de una que piensan que tener hijos, tal como hoy están las cosas, es una irresponsabilidad.

— Sie meinte, die Zukunft sei so ungewiß ...

— Sí, el futuro es muy incierto. Y es comprensible que haya quienes se niegan a tener hijos porque no quieren exponerlos a los riesgos de un futuro tan incierto...

— Nach diesem Prinzip allerdings dürfte niemand Kinder machen. Meines Wissens ist das Risiko immer sehr groß gewesen ...

— Claro, según eso, nadie tendría derecho a hacer hijos... si pensamos en los riesgos...

— A mi amiga le gustaba ver las cosas por su lado negativo. Das ist berechtigt, aber sehr anstrengend.

— Sí, hay motivos suficientes para ver las cosas por su lado negativo. Pero no faltan motivos para ver las cosas por su lado positivo.

— Ja, es ist die alte Frage, ob die Flasche halb voll oder halb leer ist.

— Sí, es la vieja cuestión de si una botella está medio llena o medio vacía.

— No, no hay modo de ponerse de acuerdo en esta cuestión.

— Así que Ustedes lo dejaron porque Usted quería tener hijos y su amiga no.

— Ja, das war der wichtigste, wenn nicht der einzige Grund, warum wir auseinandergingen.

— Una pena, ¿no?

— Sí, pero para mí, si logro una pareja estable, es fundamental que tengamos hijos.

— ¿Y por qué es para Usted tan fundamental tener hijos?

— Seguro que no hay una única razón.

— Pues vayamos por pasos.

— Lo primero es un deseo, simplemente un deseo que no necesita explicación ni se basa en argumentos. Es simplemente un deseo que yo llamaría instintivo, aunque puede que Usted tenga razón al decir que ese deseo no es un instinto...

— Pero Usted lo siente prácticamente con la intensidad de un instinto...

— Sí, el tener hijos me hace una ilusión inmensa.

— ¿No será que Usted idealiza el tema de los hijos?

— Puede que sí, pero al menos en teoría sé que los hijos dan mucho trabajo...

— Y muchos disgustos.

— Viel Ärger, aber auch viel Freude.

— Sí, muchos disgustos pero también muchas alegrías.

— ¿Más alegrías que disgustos?

— Sí, en mi caso sí. Nuestras hijas nos han dado y nos dan muchas más alegrías que disgustos...

— Tienen Ustedes suerte.

— Sí, tenemos mucha suerte.

— Yo espero también tener mucha suerte, si tengo hijos.

— Y seguro que la tendrá.

— Esperemos.

— Seguro que sí. Pero permítame que vuelva atrás en nuestra conversación. Usted hablaba de que son varias las razones por las cuales le gustaría tener hijos... La primera razón, decía Usted, «es un deseo, simplemente un deseo que no necesita explicación ni se basa en argumentos». ¿Y la segunda razón?

— La segunda es el deseo de dar, de transmitir, de compartir... Dar calor, transmitir cariño, compartir alegría...

— Para dar calor, transmitir cariño, compartir alegría no necesitamos hacer hijos.

— Nein, um Wärme zu geben, Zärtlichkeit spüren zu lassen, Freude zu teilen, müssen wir keine Kinder machen. Zugegeben. Pero no me negará Usted que es algo muy bello, muy especial, muy especialmente bello el dar calor a los propios hijos, el hacerles sentir el cariño, el compartir con ellos la alegría de vivir...

— ¿Cómo le voy a negar una cosa tan clara? ¿Y tiene más razones?

— No lo sé. Antes tenía otra razón, pero no sé si ahora la tengo.

— ¿Y cuál es o cuál era esa razon?

— Hubo un tiempo en que sentía el deseo o la obligación de hacer hijos para contribuir a mejorar el mundo.

— Le entiendo. Yo pasé también por esa etapa.

— ¿O sea que Usted también hizo hijos, en su caso hijas, para mejorar el mundo?

— No, no es eso exactamente. Mi mujer y yo no hicimos a nuestras hijas para mejorar el mundo, sino que, una vez hechas, al ver lo bien que nos habían salido,115 pensé, pensaba e incluso a veces sigo pensando que haciendo a nuestras hijas, hemos contribuido a mejorar el mundo un poquito, un poquitito, un poquitirrito...

— Yo creo que sí. Y espero que a mí me salgan mis hijos por lo menos tan bien como a Usted.

— Aber sicher. Bei dem Vater ...

— Pero falta la madre. Hoffentlich finde ich die Richtige.

— Seguro. Pero busque una compañera, no una madre. Es decir, no busque.

— ¿Que no busque?

— Nein, suchen Sie nicht! Bleiben Sie einfach offen und wachsam, um die richtige zu erkennen, wenn sie Ihnen über den Weg läuft. No busque. Mantenga los ojos abiertos y así reconocerá a la mujer que Usted busca sin buscar.

— Esa mujer está tardando mucho en cruzarse en mi camino...

— Pero no tenga prisa. No se ponga nervioso.

— Lo intentaré.

— Por cierto, ¿cuántos hijos quisiera tener Usted?

— Tres. O por lo menos dos.

— ¿Quiere que le diga cuántos hijos quería tener mi mujer conmigo?

---

115 *salir* equivale aquí a *gelingen.*

— Ni idea.

— ¿Y si le digo que séis?

— ¿Séis?

— Cuatro propios y dos adoptados.

— No está mal.

— No, no está mal.

— ¿Y por qué no tuvieron más que dos?

— Porque así es la vida.

— Sí, así es la vida.

V. Algo de amor en verso

Cítara mía

— Hoy quisiera que Usted me leyera o me recitara un poema abiertamente erótico, donde el amor sea algo bien concreto.
— ¿Bien palpable?
— Sí, ganz greifbar. Und ganz sinnlich.
— ¿Bien sensual?
— Sí, abiertamente erótico, como ya le he dicho.
— Gerne. Así que le leeré un poema de Gonzalo Rojas.
— Nie gehört.
— Doch! Le cité un poema suyo en el capítulo titulado *Der Mittelpunkt des Universums*.[116] Aquel poema que comienza: *Cítara mía...*
— ¡Ah si! Pero entonces Usted no me contó nada sobre él. Sólo me citó el poema, sin comentarios.
— No se preocupe. Ahora le contaré un par de cosas. Por ejemplo que yo lo he descubierto hace poco. Es un chileno de más de 90 años que vive en Berlín. Yo tengo un amigo que lo conoce personalmente. Mi amigo, un argentino de origen judío-ruso, trabaja en un Copygeschäft en Dahlem, y allá va de vez en cuando Gonzalo Rojas a hacer sus fotocopias. Y de vez en cuando charlan. Por cierto que hace unos años le dieron, a Gonzalo Rojas, no a mi amigo, el premio Cervantes.[117]
— No sabía nada de todo eso.
— Pues ahora lo sabe. Y le diré que yo quedé fascinado de la sensibilidad y sensualidad y colorido y fantasía y claridad de sus poemas amorosos. Sobre todo me fascinó aquél que ya le cité y que lleva el título de *Cítara mía*:

---

116 p. 94

117 Gonzalo Rojas nació en 1917 en Chile. El premio Cervantes, el premio literario más importante en el ámbito de habla castellana, le fue concedido el año 2003.

Cítara mía, hermosa
muchacha tantas veces gozada en mis festines
carnales y frutales, cantemos hoy para los ángeles,
toquemos para Dios este arrebato velocísimo,
desnudémonos ya, metámonos adentro
del beso más furioso,
porque el cielo nos mira y se complace
en nuestra libertad de animales desnudos.
Dame otra vez tu cuerpo, sus racimos oscuros para que de
ellos mane
la luz, deja que muerda tus estrellas, tus nubes olorosas,
único cielo que conozco, permíteme
recorrerte y tocarte como un nuevo David todas la cuerdas,
para que el mismo Dios vaya con mi semilla
como un latido múltiple por tus venas preciosas
y te estalle en los pechos de mármol y destruya
tu armónica cintura, mi cítara, y te baje a la belleza
de la vida mortal.

— Wau!

— Eso es. El mejor comentario que se puede hacer a este poema es aullar, ulular, como un lobo en celo, como Marcello Mastroianni en aquella famosa escena, cuando esa hembra incomparable llamada Sofia Loren le improvisa un estriptis, sólo para él.

— No me suena.

— Pues se ha perdido Usted una de las escenas eróticas más bellas de la historia del cine.

— ¿Y dice Usted que Sofia Loren improvisa un estriptis sólo para Marcello Mastroianni?

— Lo que oye.

— Hay gente con suerte.

— Sí, hay gente afortunada.

— Pero permítame volver al poema del chileno...

— De Gonzalo Rojas.

— Sí, de Gonzalo Rojas.

— ¿Y qué quiere Usted que hagamos con ese poema?

— Quería proponerle que intentemos traducirlo.

— ¿Traducirlo? ¿Para qué?

— Para entenderlo mejor.

— Le advierto que nuestra traducción nos va a decepcionar.

— Sí, lo sé. Pero en este caso, si no lo traducimos, no estaré seguro de haberlo entendido por completo.

— No, lo siento. No vamos a traducirlo. Si traducimos este texto al alemán lo echamos a perder. Así que dígame qué pasajes le resultan difíciles de entender, y yo intentaré explicárselos... suponiendo que yo los entienda. Así que comience Usted con sus preguntas.

— La primera estrofa es relativamente clara. Las imágenes son intensas y transparentes: el sexo es un festín carnal y frutal, una música que complace a los ángeles y al mismo Dios, el sexo es un acto de libertad de animales desnudos...

— Sí, imágenes transparentes y luminosas. Pero permítame preguntarle qué entiende Usted cuando lee *tantas veces gozada en mis festines carnales y frutales.*

— Festín es banquete, Festmahl ...

— Sí.¿Y qué son *festines carnales y frutales*?

— El cuerpo de la mujer es carne, claro está, pero hay partes en ese cuerpo que son también frutos o frutas: por ejemplo la vulva, el clítoris, los pechos...

— Muy bien dicho. Pero en su explicación falta un detalle, y es que aqui *carnales y frutales* es también un juego de palabras.

— No sé por dónde va Usted.

— Sí, Usted sabrá o recordará que a lo sexual se lo llama también carnal.

— Die Fleischeslust, que decimos en alemán.

— Eso es. Y según eso, el acto sexual es un festín carnal. Pero, como carnal tiene en castellano una resonancia hasta cierto punto negativa, Rojas juega con esa imagen que hay detrás de la palabra carnal, festín de carne, y la completa con su opuesto hasta cierto punto vegetariano, que es la fruta. El acto sexual es por tanto no sólo para carnívoros, sino también para vegetarianos. O al menos: el acto sexual es no sólo un festín de carne, es también un festín de las frutas más sabrosas.

— Humorvoll. ¿Pero cree Usted que el autor quería decir eso?

— Warum denn nicht?

— Porque me parece una explicación un tanto rebuscada.

— A mí me gusta. Pero sigamos. ¿Qué entiende Usted cuando lee *toquemos para Dios este arrebato velocísimo*?

— Pues francamente no lo sé. ¿Y lo sabe Usted?

— Creo que sí, porque sé que *arrebato* puede significar *éxtasis*. Y sé también que *tocar a arrebato* significa, según el Diccionario de la Academia, »dar la señal de alarma ante cualquier peligro«...

— O sea que cuando dice que *toquemos para Dios ese arrebato velocísimo* es como si dijera que quiere hacer el amor con esa muchacha con una intensidad tal que alarme al mismo Dios, que le dé miedo al mismo Dios... So daß selbst der große Gott in Deckung geht ...

— Sozusagen.

— Ganz schön heftig!

— Sí, es una imagen bien drástica, bien atrevida.

— Difícil me resulta también entender los versos siguientes:
Dame otra vez tu cuerpo, sus racimos oscuros para que de ellos mane la luz, deja que muerda tus estrellas, tus nubes olorosas...

Ya sé que el racimo es die Traube, no cada uva, sino die ganze Traube, die Traubendolde sozusagen. Y, naturalmente, sé lo que son las estrellas y las nubes... Pero ¿qué significan estas palabras en este contexto?

— No lo sé exactamente ni me interesa saberlo exactamente. Yo me dejo llevar por la fuerza de la imagen: el cuerpo de la mujer que se me da, que se me entrega, está hecho de racimos oscuros de los que mana, de los que surge la luz: el cuerpo de la mujer que se me da, que se me entrega, está poblado de estrellas, de nubes olorosas...

— Der Körper der Frau, die sich mir ergibt, ist voll von dunklen Trauben, aus denen das Licht hervorquillt; der Körper der Frau, die sich mir ergibt, ist von Sternen und wohlriechenden Wolken bevölkert ... Und?

— ¿No lo siente Usted?

— ¿Qué quiere Usted que sienta?

— Quiero que Usted sienta cómo el cuerpo de la mujer, cuando se le entrega, está lleno de racimos oscuros que en el acto de amarse Usted y su amiga se hacen luminosos; lleno de estrellas que Usted muerde, poblado de nubes olorosas que a Usted le embriagan, die Sie betören, die Sie trunken machen ...

— Bueno. Sigamos. Sigamos con esa frase genial que dice que el cuerpo de la mujer amada es *el único cielo que conozco.* También yo puedo decir que el cuerpo de la mujer es el único cielo que conozco, aunque hace ya tiempo que no tengo el placer de hacer una excursión a ese cielo. Pero el recuerdo, la memoria me basta para entender lo que quiere decir Rojas cuando pide permiso a su amada *para recorrerte y tocarte como un nuevo David todas las cuerdas...* Creo que ya hablamos en alguna ocasión del cuerpo como un instrumento musical.

— Sí, no recuerdo dónde, pero sí.

— Y no hay duda de que la cítara es una imagen que le va muy bien al cuerpo de la mujer, sobre todo a la zona del vientre. Y amarla es recorrerla tocando todas sus cuerdas, arrancándole melodías siempre nuevas *como un nuevo David,* aquel rey judío que tocaba muy bien la cítara, según dicen, y que sabía mucho de amores, según dicen...

— Lo dice Usted muy bien. Está Usted inspirado.

— Puede. Pero no entiendo los versos siguientes:

> *...para que el mismo Dios vaya con mi semilla*
> *como un latido múltiple por tus venas preciosas*
> *y te estalle en los pechos de mármol y destruya*
> *tu armónica cintura, mi cítara, y te baje a la belleza*
> *de la vida mortal.*

— A mí me costó un rato entenderlo. Resumiendo viene a decir que quiere dejar embarazada a su amada.

— Wie kommen Sie drauf?

— La semilla es el semen. Dios es aquí el Dios creador, que acompaña al semen del hombre por los caminos internos de la mujer, que aquí se llaman *venas preciosas,* y la deja embarazada...

— ¿Dónde dice que la deja embarazada?

— En los pechos, que dejan de ser de mármol, que estallan, como estallan los pechos de una mujer embarazada.

— Ya le dije que yo de mujeres embarazadas no sé mucho.

— Yo sé un poquito, lo suficiente como para recordar que los pechos de mi mujer crecieron y florecieron, a medida que progresaba el embarazo, hasta estallar literalmente cuando dio de mamar a nuestras hijas.

— Interesante.

— Y además sabemos que quiere dejarla embarazada porque quiere que se le destruya su armónica cintura.

— Sí, claro, aunque poco sé de embarazos, sé que las embarazadas no tienen cintura...

— Con otras palabras, quiere que, al embarazarse, la amada deje de ser una estatua...

— Wieso eine Statue?

— ¿No lo ve Usted? Dice que quiere que estallen los pechos de mármol de su amada...

— Ah! De mármol. Y las estatuas de mármol, las muy diversas Venus, al contrario de las embarazadas, tienen una cintura armónica...

— Y, al dejar de ser una estatua de mármol, la amada embarazada adquiere una *belleza de la vida mortal*.

— Muy bien. Ahora que hemos leído un poema de amor tan bello, le propongo que cerremos este capítulo.

— No, yo le propongo que lo cerremos volviendo a repetir el poema.

— ¿Vamos a repetirlo?

— Sí, las cosas buenas se pueden repetir y repetir, sin cansarse jamás. Es lo que a mí me ocurre por ejemplo con las Goldberg Variationen del gran Bach.

— Pues bien, repitamos:

> *Cítara mía, hermosa*
> *muchacha tantas veces gozada en mis festines*
> *carnales y frutales, cantemos hoy para los ángeles...*

El Cantar de los Cantares

Poemas bíblicos de amor y ausencias

— ¿Qué? ¿Ya ha leído Usted El Cantar de los Cantares?

— Sí, varias veces. En castellano y en alemán.

— ¿Y?

— Que primero lo he leído de un tirón, sin enterarme apenas de lo que leía. Y luego lo he vuelto a leer, despacito, en pequeñas dosis...

— ¿Y?

— Que yo no lo llamaría *El Cantar de los Cantares* ni *Das Hohelied der Liebe.*

— ¿Y eso por qué?

— Porque no es un solo cantar.

— Nein, es ist nicht ein einziges Lied. Es una colección de cantares, eine Liedersammlung, meine ich.

— Sí, eso parece claro.

— Así que ¿como lo llamaría Usted?

— *Poemas de amor y ausencias,* por ejemplo.

— No está mal: Poemas de amor y ausencias. Pero ¿por qué poemas y no cantares?

— Bien, eso es igual. Podríamos llamarlo *Cantares de amor y ausencias.*

— ¿Pero Usted sabe por qué se llama *El Cantar de los Cantares*?

— Sí, creo saber que esta expresión es, en hebreo, una especie de forma superlativa: *El más bello de los cantares,* sozusagen.

— Und die Deutschen haben sich, wie so oft, nicht an den Originaltitel gehalten.

— Wieso «wie so oft»?

— A los alemanes, cuando traducen, sobre todo cuando traducen un título, les encanta corregir el original, es decir lo mejoran. Conocen la obra mejor que el autor. ¿No lo ha notado Usted?

— Nein, mir ist das nicht aufgefallen.

— Pues fíjese Usted y lo verá.

— Ya me fijaré.

— A mí me pone sobre todo de mal humor la afición que los alemanes tienen a traducir el título de una obra, bien sea un libro, una
comedia, una película, de tal modo que no se reconoce en absoluto
el título original. Donde más me llama la atención es en las películas.

— Bei den Filmen ist es Ihnen besonders aufgefallen? Ich werde
darauf achten.

— Sí, fíjese Usted y verá que tengo razón. Es más, si Usted se fija
bien, verá que a los alemanes les encanta que el título nos diga cuál
es el contenido e incluso cuál es el sentido de una obra.

— No sé. Póngame Usted un ejemplo.

— Por ejemplo en el caso que ahora nos ocupa: El título original
hebreo, traducido literalmente, es *El Cantar de los Cantares*, y nos
dice, ni más ni menos, que éste es el poema más bello de cuantos
poemas existen. Y vienen los alemanes y dicen: ¡No señor! Ein-
spruch! Erstens, das ist nicht objektiv, denn das ist ein ästhetisches
Urteil, und ästhetische Urteile sind per se subjektiv, weswegen kein
Gedicht das schönste Gedicht genannt werden darf; und zweitens,
ein Titel hat illustrativ zu sein, das heißt, er hat uns über den Inhalt
zu informieren, was *Das Lied der Lieder* nicht täte. Also ...

— Das stimmt aber alles!

— Sehen Sie? Also doch Deutscher!

— Ist das schlecht?

— Habe ich nicht gesagt. Así que permítame que siga describiendo
cómo y por qué los alemanes al C*antar de los Cantares* no lo llaman *Das Lied der Lieder* sino *Das Hohelied der Liebe. Das Lied* ist
klar: el cantar, la canción, el canto, el cántico... Das *hohe* Lied ist
auch klar: es ist kein gewöhnliches, kein niederes Lied, sondern ein
Lied hoher Qualität, was man, bei allem ästhetischen Relativismus,
ruhigen ästhetischen Gewissens behaupten kann. Können Sie mir
folgen?

— Bis jetzt auf jeden Fall.

— Dann werden Sie mir weiter folgen können, denn das Nächste
ist sonnenklar: Der Inhalt dieses hohen Liedes ist von Anfang bis
Ende die Liebe und nichts als die Liebe. Also das Hohelied *der
Liebe*. Hasta el más bobo se da cuenta de que tiene delante un gran

poema sobre el amor. Selbst der Dümmste kapiert, beim bloßen Titel, daß er ein tolles Gedicht über die Liebe vor sich hat.

— ¿Y eso qué tiene de malo?

— No, nada. Únicamente que el título alemán, sin necesidad ninguna, corrige el título original. Die Deutschen wissen es wieder besser.

— Jetzt reicht es aber! Déjese de ironías y hablemos del Cantar mismo.

— De acuerdo. Así que dígame qué impresión le ha producido el *Cantar de los Cantares.*

— Was mich am meistens beeindruckt hat, ist die erotische Spannung.

— Sí, realmente, el Cantar rezuma sensualidad.

— ¿Rezumar?

— Aussondern, ausströmen ...

— No, no sólo rezuma sensualidad. Das ist zu schwach. Das Hohelied strotzt vor Erotik.

— Sí, tiene Usted razón: El Cantar rebosa erotismo, lleva una carga erótica intensísima.

— Ya en los primeros versos geht eine Frau gleich in die Vollen: Unverblümt, sin reparo ninguno, no contenta con que su amado la bese,

Que me bese con besos de su boca,
son mejores que el vino tus amores...

fordert sie ihn dazu auf, sie zu sich, in *seine Kammern, in seine Gemächer* mitzunehmen, und zwar sofort, voller erotischer Ungeduld:

Llevame contigo, ¡corramos!
condúceme, rey mío, a tus estancias...

Die Absicht dürfte deutlicher nicht sein:

para alegrarnos y gozar contigo,
y celebrar tus amores más que el vino. (1,4)

— Sí, esa tensión y esa intención claramente eróticas acompañan a todo el Cantar, que varias veces culmina en lo que llamamos unión sexual, unión carnal, coito...

— Por ejemplo, aunque de modo más velado, un poco más adelante, esta vez en la traducción alemana, que en este caso me gusta más:

> *Als der König sich her wandte,*
> *gab meine Narde ihren Duft.*
> *Mein Freund ist mir ein Büschel Myrrhen,*
> *das zwischen meinen Brüsten hängt.* (1,12–14)

— Déjeme que lo lea yo en castellano:

> *Mientras el rey se halla en su diván,*
> *mi nardo exhala su fragancia,*
> *mi amado es para mí una bolsita de mirra*
> *que descansa entre mis pechos.*

Mi nardo exhala su fragancia... Was da seinen Duft ausströmt, dürfte klar sei, oder?

— Ja, es dürfte klar sein, was da an der Frau duftet. Y aunque yo no sé qué significado tiene eso de la mirra, está claro que el amado descansa entre los pechos de la amada.

— Uno de los lugares más bellos del universo.

— ¿No exagera Usted?

— No, no exagero.

— Está bien. Poco después leemos:
> *¡Qué hermoso eres,*
> *amado mío, qué encanto!*
> *Nuestro lecho es de flores...* (1,16)

— ¡Un lecho de flores! ¡Qué bonito, verdad!

— ¿Ha hecho Usted alguna vez el amor en un lecho de flores?

— ¡Qué más quisiera! Mi lecho es una cama normal y corriente, con un colchón más bien duro, que dicen que es más sano que un colchón blando...

— Sí, eso dicen.

— Lo más sano no es siempre lo más erótico...

— Nein, leider nicht. Pero déjeme que siga leyendo:

> *Como manzano entre árboles silvestres*
> *es mi amado entre los jóvenes.*
> *Me gusta sentarme a su sombra,*
> *paladear[118] el exquisito sabor de sus frutos.* (2,3)

Im Vergleich zu ihrem Geliebten sind alle anderen jungen Männer nur wilde Sträuche, wilde Sträuche neben einem prächtigen Apfelbaum, in dessen Schatten sie gerne sitzt und dessen Früchte sie gerne ißt ...

— Ist Ihnen diese Szene nicht bekannt vorgekommen?

— Wieso bekannt?

— Una mujer bajo un manzano comiendo del fruto prohibido, del fruto erótico... Und es passiert nichts!

— Meinen Sie Eva und die verbotene Frucht?

— Eso es, al comienzo de la Biblia una mujer, la mujer, da a un hombre, al hombre, a comer del fruto prohibido, y la mujer come y el hombre come y pierden la inocencia y pierden la felicidad y pierden la inmortalidad y aprenden a comer el pan con el sudor de su frente y la mujer aprende a parir hijos con dolor... La penosa historia, la desgraciada historia humana, se inicia en la Biblia cuando una mujer, a la sombra de un árbol, se deja tentar por el sabor del fruto prohibido...

— ¡Tiene Usted razón!

— El contraste entre el Génesis y el Cantar no puede ser mayor. El Cantar nos describe a la mujer a la sombra del árbol del amor:

---

118 *paladar* ist Gaumen; *paladear:* sich auf der Zunge zergehen lassen.

Como manzano entre árboles silvestres
es mi amado entre los jóvenes.
Me gusta sentarme a su sombra,
paladear el exquisito sabor de sus frutos.

El Génesis, en sus primeras páginas, había descrito a la mujer a la sombra del fatídico árbol del paraíso:

> *La mujer se dio cuenta de que el árbol era bueno para co-*
> *mer, hermoso de ver y deseable para adquirir sabiduría. Así*
> *que tomó de su fruto y comió; se lo dio también a su marido,*
> *que estaba junto a ella, y él también comió. Entonces se les*
> *abrieron los ojos, se dieron cuenta de que estaban desnu-*
> *dos...* (Gen 3,6 s)

— Und meinen Sie, daß dieser Kontrast beabsichtigt ist?
— No sé si ese contraste entre el Génesis y el Cantar es pretendido o no, pero puede ser que, sin ser pretendido, no sea casual.
— Nicht beabsichtigt, aber auch nicht zufällig?
— Sí, ¿por qué no? Si es cierto que existe el subconsciente... Heinrich Böll hat es wunderschön formuliert im Vorspann seines Romans über Katharina Blum: «... so sind diese Ähnlichkeiten weder beabsichtigt noch zufällig, sondern unvermeidlich.»
— Schön! Pero déjeme ahora a mí continuar citando el texto.
— Sie haben Vorfahrt.
— Danke! Después de la escena del manzano wird es noch deutlicher:

> *Me llevó a la bodega,*
> *desplegando sobre mí su bandera de amor.* (2,4)

Lo de la bodega me parece claro, pero lo de la bandera de amor no lo entiendo.
— Und die deutsche Übersetzung?
— Die ist eindeutiger aber auch merkwürdig:

Er führt mich in den Weinkeller,
und die Liebe ist sein Zeichen über mir.

— Was auch diese *bandera* oder dieses *Zeichen* genau bedeuten mögen, die Fortsetzung läßt keinen Zweifel an der erotischen Deutung dieses Textes:

Su izquierda está bajo mi cabeza,
y su derecha me tiene abrazada. (1,6)

Y déjeme que le cite uno de mis textos preferidos, donde se combinan el dolor de la ausencia y el placer de la presencia. Es de noche, y la amada añora la presencia del amado:

Antes que sople la brisa del día
y huyan las sombras,
vuelve, amado mío... (2,17)

Y sigue un pasaje conmovedor que ilustra que no hay soledad más sola que la soledad nocturna de una cama desierta.
— ¿Qué acaba de decir Usted?
— Que no hay soledad más sola que la soledad nocturna de una cama desierta.
— ¿De quién es esa frase?
— Meines Wissens von mir.
— Gratuliere. Allmählich werden Sie selbst zum Dichter. Por lo visto le está contagiando el Cantar de los Cantares.
— Schön wär's! Escuche ahora cómo la amada describe su soledad nocturna:

En mi lecho, por la noche,
busqué al amor de mi alma;
lo busqué y no lo encontré. (3,1)

Und was tut sie dann?

— Se levanta y, una mujer sola en plena noche, se va a recorrer la ciudad buscando a su amado.

— Es la impaciencia erótica que sirve de motivo a todo el Cantar:

Me levanté, recorrí la ciudad,
las calles y las plazas,
buscando al amor de mi alma;
lo busqué y no lo encontré. (3,2)

— Sí, pero no se rinde, sie gibt nicht auf.

— Ihre Sehnsucht nach dem Geliebten ist so stark, daß sie sogar die Nachwächter fragt, ob sie ihren Geliebten gesehen haben ...

— Como si todo el mundo tuviera que conocer a su amado.

— Genau, als müßte jeder ihren Geliebten kennen:

Me encontraron los centinelas
que rondaban por la ciudad:
«¿Habéis visto al amor de mi alma?»

— Natürlich hatten die Nachtwächter ihren Geliebten nicht gesehen!

— Und dann geschieht es:

Pero apenas los había dejado,
encontré al amor de mi alma. (3,4)

— Wo der wohl sich aufgehalten hatte? Hatte er sich versteckt? Und überhaupt, warum war er weg?

— Jetzt stellen Sie dumme Fragen. No olvide que estamos leyendo poemas de amor y ausencia. El Cantar de los Cantares no es una novela ni un relato de amor. Es poesía, y la poesía es poesía.

— Está bien, está bien. Retiro mi pregunta.

— Así que volvamos a la escena donde se pasa de la ausencia a la presencia: Kaum war sie an den Wächtern vorüber, da fand sie ihren Geliebten, als hätte er mit ihr Verstecken gespielt, um die erotische Spannung zu steigern:

Pero apenas los había dejado,
encontré al amor de mi alma.

¿Y qué hace al encontrarlo?

— Lo que hace una mujer enamorada que ha echado en falta a su amante.

— Eso es. Lo abraza y se lo lleva a casa para acostarse con él. Pero con una variante interesante: La cama en la que va a acostarse con su amado es la cama de su madre, la cama donde su madre la concibió y la parió.

— ¿Y cómo interpreta Usted este dato?

— No lo sé, pero me sospecho que aquí hay material para psicoanalistas. A mí me recuerda un verso de Miguel Hernández, aquél en el que describe cómo ha hecho el amor con su amada, su Josefina.

He poblado tu vientre de amor y sementera,
he prolongado el eco de sangre a que respondo...

Da isses: *he prolongado el eco de sangre a que respondo...* Indem ich mit Liebe und Samen deinen Schoß belebt habe, habe ich das Echo des Blutes fortgesetzt, das in mir widerhallt ... El eco de la sangre de mi padre que me engendró, de mi madre que me concibió y me parió...

— Esta es la perspectiva del varón. ¿Y desde la perspectiva de la mujer?

— La perspectiva de la mujer es la que escuchamos en este Cantar:

Lo abracé y no lo soltaré
hasta meterlo en la casa de mi madre,
en la alcoba de la que me dio a luz. (3,4)

Al acostarse con su amado está prolongando el eco de sangre a que respondió su madre cuando se acostó con su hombre, cuando se quedó embarazada y cuando la parió a ella, todo en la misma cama, en la cama en que ella ahora se acuesta con su amado prolongando el eco de sangre a que responde...

— Pero el Cantar no dice que se quede embarazada.

— No, el Cantar canta el amor en sí y por sí y para sí. El embarazo no es tema. Ni se menciona ni se niega. En el Cantar de los Cantares el amor no se funcionaliza. Tiene valor en sí y por sí. Es bello en sí y por sí. Meilenweit weg von der Morallehre, die behauptet, der Sex rechtfertige sich nur durch die Fortpflanzung.

— El amor es el amor es el amor es el amor... Pero volvamos al tema de la ausencia y la presencia. Porque yo quería comentarle que me ha sorprendido ver en el mismo Cantar otra versión del mismo tema, con un desenlace totalmente distinto, sin happy end.

— ¿Se refiere Usted al cuarto cantar?

— Supongo que sí. Déjeme que se lo lea.

— Como Usted quiera.

— Espero no conmoverme demasiado. Allá va:

Durmiendo yo, mi corazón velaba. (5,2)

¡Qué bello, verdad! Ich schlief aber mein Herz war wach.

— Selbst im Schlaf denkt sie an ihren Geliebten.

— Y de pronto, inesperadamente, oye la voz de su amado que la llama desde fuera, desde el frío de la noche...

— Desde el frío de la noche y la soledad.

— Sí, el frío de la noche y la soledad. Y la llama...

— ...la requiebra.[119]

— Sí, la requiebra con los nombres más dulces: hermana mía, amada mía, paloma mía, hermosa mía...:

---

119 *Requebrar* no tiene, meines Wissens, equivalencia exacta en alemán, al igual que la palabra *piropear*. Requiebros son elogios, alabanzas, piropos que un hombre dirige a una mujer. Schmeicheleien sind es nicht gerade, denn *Schmeichelei* hat einen unehrlichen Unterton. Requebrar es más o menos *verbal umwerben*. In Anlehnung an das Verb *lobpreisen* würde ich eine neue *Wortschöpfung* wagen: *liebpreisen*. ¿Qué les parece?

Durmiendo yo, mi corazón velaba.
Y en esto,[120] la voz de mi amado que llama:
«Ábreme, hermana mía, amada mía,
paloma mía, hermosa mía,
que tengo la cabeza cubierta de rocío,
mis rizos del relente de la noche...»

— Darf ich diese Passage auf Deutsch hören?
— Aber sicher! Da ist sie:

Tu mir auf, liebe Freundin, meine Schwester,
meine Taube, meine Reine!
Denn mein Haupt ist voll Tau
und meine Locken voll Nachttropfen.

Obwohl die Worte des Geliebten so bewegend sind, geht die Geliebte nicht gleich darauf ein. Und ich frage mich warum. Ob sie sich einfach ziert?
— Sí, puede ser que la amada se haga de rogar para elevar la tensión erótica.
— Puede ser, pues le dice que no puede abrirle la puerta porque está en la cama, desnuda y descalza, con los pies limpios:

«Me he quitado la túnica,
¿cómo vestirme otra vez?
Ya me he lavado los pies,
¿cómo volver a mancharlos?»

— Puras excusas.
— Reine Ausreden. Pero el amado, que no se las toma en serio, intenta abrir la puerta desde fuera:

Mi amado metió la mano
por la hendidura de la puerta...

---

120 en esto – plötzlich

Mein Freund steckte seine Hand
durchs Riegelloch.

Das bricht ihren Widerstand. La amada se rinde, tief bewegt:

Al oírle, se estremecieron mis entrañas.

La versión alemana es más expresiva:

... und mein Innerstes wallte ihm entgegen.

Impaciente, emocionada, se levanta de la cama y, sin ponerse la
túnica, desnuda como está, sin miedo ya a mancharse los pies, con
las manos húmedas por la emoción, abre la puerta a su amado:

Me levanté para abrir a mi amado,
y mis manos gotearon mirra,
mirra exquisita mis dedos,
en la manilla de la cerradura.[121]
Yo misma abrí a mi amado...

Y el amado no está, el amado se ha ido. Y nadie nos dice por qué.
— Quizás prolonga el amado el juego erótico de presencias y au-
sencias que había iniciado la amada al negarse en un principio a
abrirle la puerta...
— Quizás. El hecho es que la amada no está para esos juegos.[122]
Estas ausencias la vuelven loca. Como loca lo llama y lo busca:

¡El alma se me fue tras de él!
Lo busqué y no lo encontré,
lo llamé y no me respondió.

---

121 la manilla de la cerradura – der Griff des Riegels
122 No está para esos juegos. – Sie ist nicht zu diesen Spielen aufgelegt

— Es lo que tan bellamente canta Juan de la Cruz en su Cántico Espiritual. ¿recuerda?

— Sí, pero no de memoria. ¿Me lo puede recitar Usted?

— Con mucho gusto:

¿Dónde te escondiste,
amado, y me dejaste con gemido?
Como el ciervo huíste
habiéndome herido,
salí tras ti clamando y eras ido.

— Y se repite la búsqueda que ya conocemos: una mujer sola buscando a su amado por la ciudad desierta en plena noche. Vuelve a encontrar a los centinelas nocturnos, pero esta vez no le da tiempo a preguntarles por su amado, pues los centinelas, sin que sepamos por qué, la maltratan:

Me encontraron los centinelas
que rondaban por la ciudad;
me golpearon, me hirieron, me quitaron el velo
los centinelas de la muralla.

Die Geliebte gibt trotzdem nicht auf. Ohne Übergang beginnt ein Dialog der suchenden Geliebten mit den Mädchen Jerusalems, die ihr dabei helfen sollen, den Geliebten zu suchen:

Yo os conjuro, muchachas de Jerusalén,
si encontráis a mi amado, ¿qué le diréis?
Decidle que estoy enferma de amor.

La amada no tiene ningún reparo en reconocer que está enferma de amor. Está tan enamorada que no tiene miedo a hacer el ridículo:

Decidle que estoy enferma de amor.

— Es lo que Juan de la Cruz llama la dolencia de amor.

— Sí, y las muchachas de Jerusalén ni se ríen de aquella mujer enferma de amor, ni están celosas de un amor así. Incluso reconocen la belleza extraordinaria de aquella mujer que pregona a cuatro vientos su dolencia de amor. Y se preguntan y le preguntan a ella qué tiene de especial un hombre para merecer el amor de una mujer así:

> *¿En qué se distingue tu amado de los otros,*
> *tú, la más bella de las mujeres?*

Y ella, la más bella de las mujeres, responde con el elogio de la belleza del más bello de los hombres (5,10–16), en unos términos que a nosotros hoy nos resultan más bien difíciles de sentir.

— Sí ¿verdad? Son metáforas casi surrealistas.

— ¡Exacto! Son metáforas surrealistas, por ejemplo cuando dice que sus ojos son palomas bañadas en leche; o que sus labios son lirios que destilan mirra.

— Y no encuentra a su amado.

— No, no encuentra a su amado.

— Y no sabe por qué se ha ido.

— No, no sabe por qué se ha ido.

— Como corresponde a un poema de amor y ausencias.

— Sí, como corresponde a un poema de amor y ausencias.

— Pero lo que predomina en el Cantar no es la ausencia, sino la presencia de amor.

— Sí, lo que predomina en el Cantar es el amor cumplido. Y de lo más bello en este sentido es el pasaje que canta la primavera cómo el tiempo del amor:

> *¡La voz de mi amado!*
> *Miradlo cómo viene*
> *saltando por los montes,*
> *brincando por las colinas.*
> *Parece mi amado una gacela,*
> *parece un cervatillo.*
> *Se ha parado detrás de nuestra tapia,*

mira por las ventanas,
atisba[123] *por las rejas.*
Habla mi amado, ya me dice:
«Levántate, amada mía, preciosa mía,
que ya ha pasado el invierno,
han cesado las lluvias y se han ido.
Las flores aparecen en el campo,
ha llegado el tiempo de la poda;
y se oye en nuestra tierra el arrullo de la tórtola.
Apuntan los brotes de la higuera,
las viñas en flor exhalan su fragancia.
¡Levántate, amada mía, preciosa mía, ven!
Paloma mía...
déjame ver tu rostro,
déjame oír tu voz.
¡Es tan dulce tu voz,
tan hermoso tu rostro!» (2,8–14)

— Sí, la primavera como el tiempo del amor. La primavera y la juventud.

— ¿Dónde ve Usted la juventud en este pasaje?

— Escuche lo que Usted mismo me acaba de leer:

Miradlo cómo viene
saltando por los montes,
brincando por las colinas.
Parece mi amado un gacela,
parece un cervatillo.

Saltar por los montes, brincar por las colinas, son cosas que sólo se hacen cuando se es joven... Y a nadie se le ocurrirá compararme a mí, a mis años, con una gacela y un cervatillo...

— Bien, vale. Pero tampoco yo me dedico a saltar por los montes ni a brincar por las colinas...

---

123 atisbar – spähen

— Sie sind wohl kein junger Hüpfer mehr. Auch Sie werden nach und nach älter. Así que aproveche su juventud mientras la tenga, no olvide aquellos versos de Rubén Darío:

Juventud, divino tesoro,
¡ya te vas para no volver!
Cuando quiero llorar no lloro...
y a veces lloro sin querer.[124]

— Procuraré no olvidarlos. Pero he de confesarle que no me resulta fácil reconocer que voy dejando de ser joven, aunque aún no puedo decir de mí mismo que «cuando quiero llorar no lloro y a veces lloro sin querer».
— Geben Sie Ihre Jugend nicht zu früh auf!
— Lo intentaré.
— Y siga el consejo que daba Góngora a las «mozuelas», aunque Usted no sea ya un mozuelo:

...quered cuando sois queridas,
amad cuando sois amadas...[125]

— Sí, el *carpe diem* vale sobre todo para el amor. Yo lo voy comprendiendo poco a poco. Espero que no sea demasiado tarde.
— Nunca es tarde...
— Sí, nunca es tarde si la dicha es buena.[126] ¿Me deja que le haga una confesión, aunque sea una confesión casi de adolescente?
— Todas las confesiones que Usted quiera, parezcan o no confesiones de adolescente.
— Me gustaría enamorarme de tal modo que pudiera decirle a mi amada los piropos que le dice el amado a su amada en el Cantar:

---

124 Rubén Darío: *Canción de otoño en primavera*

125 Es el poema que comienza: *Que se nos va la Pascua*. Lo trato en *Besserwisser VI*, p. 78 ss

126 Explico este refrán en *Besserwisser IV.*

¡Qué hermosa eres,
amada mía, qué hermosa eres!
Palomas son tus ojos... (...)
Tus labios, una cinta de grana,
y tu hablar, melodioso.
Mitades de granada tus mejillas... (4,1–3)

Y aunque no sé exactamente lo que significa, me gustaría poder seguir diciéndole a mi amiga:

Tu cuello, la torre de David...
Tus pechos, dos crías mellizas de gacela
paciendo entre azucenas. (4,4–5)

— Esta si que es una metáfora surrealista: los pechos de la amada son dos crías mellizas de gacela paciendo entre azucenas: die Brüste der Freundin sind junge Zwillinge von Gazellen, die unter Lilien weiden. Metáforas bien atrevidas.
— Y me gustaría seguir diciéndole a mi amada:

Me has robado el corazón,
hermana y esposa mía,
me has robado el corazón
con una sola mirada de tus ojos,
con una sola perla de tu collar.
¡Qué hermosos tus amores,
hermana y esposa mía,
son mejores que el vino tus amores!
Y el olor de tus aromas,
mejor que todos los perfumes.
Miel destilan tus labios, esposa,
y tienes leche y miel bajo tu lengua. (4,9–11)

— La amada tiene leche y miel bajo la lengua... Der Zungenkuß ist also eine ziemlich alte Sache ...
— Machen Sie sich lustig?

— Nichts liegt mir ferner als das.
— Ich dachte ...
— Sie dachten und Sie irrten sich. Así que sigamos.
— Pues déjeme que le cuente cuánto me ha gustado el pasaje siguiente que compara a la amada con un huerto cerrado, con exquisitos frutos, y una fuente sellada, manantial de aguas vivas. Primero en alemán:

> *Meine Schwester, liebe Braut,*
> *du bist ein verschlossener Garten,*
> *eine verschlossene Quelle,*
> *ein versiegelter Born,*
> *ein Lustgarten von Granatäpfeln*
> *mit edlen Früchten ...*

Y luego en castellano:

> *Eres huerto cerrado,*
> *hermana y esposa mía,*
> *huerto cerrado, fuente sellada.*
> *Jardín de granados*
> *con exquisitos frutos...* (4,12–13)

— El huerto cerrado con frutos exquisitos, la fuente sellada, manantial de aguas vivas... Imágenes todas ellas abiertamente eróticas.
— Y abiertamente erótica es la invitación de la amada:

> *¡Entre mi amado en su huerto*
> *y saboree sus frutos exquisitos!* (4,16)

Y abiértamente erótico es lo que a continuación nos cuenta el amado mismo: el amado entra en el huerto y...
— ...y el amado y la amada hacen el amor. Was denn sonst?
— Eso es. Was denn sonst?

Ya vengo a mi huerto, hermana y esposa mía,
ya recojo el bálsamo y la mirra,
ya como de mi miel y mi panal[127],
y bebo de mi vino y de mi leche. (5,1)

Y tan feliz se siente el amado haciendo el amor, que incita a sus amigos a que celebren con él, a que coman y beban y se emborrachen:

¡Comed, amigos, y bebed, embriagaos, amados! (5,1)

— El orgasmo individual se convierte en orgía colectiva.
— Gehen Sie damit nicht zu weit?
— ¿Por qué? Usted mismo me lo ha leído:

¡Comed, amigos, y bebed, embriagaos, amados!

— Allerdings schwächt es die deutsche Fassung etwas ab:

Eßt, Freunde, und trinkt und werdet trunken von Liebe!

— Trunken von Liebe, embriagados de amor... Mir kommt diese deutsche Variante wie eine bewußte oder unbewußte Entschärfung vor. ¡Embriagaos! Betrinkt euch! Das wäre zu anstößig gewesen. Una abierta incitación a emborracharse... Algo francamente escandaloso.
— Puede que tenga Usted razón. Pero permítame seguir.
— Siga Usted, que hoy es un placer especial escucharle. Está Usted desconocido.
— Soll ich das als Lob auffassen?
— Sollen Sie! Así que siga.
— Ya hemos hablado de cómo el amado describe una vez los encantos de su amada.
— Con entusiasmo los describe.

---

127 panal – Wabe

— Pero recordará Usted que los vuelve a describir una segunda vez, con más entusiasmo aún y con más sensualidad que la primera. La amada baila en público y el amado se entusiasma describiendo a su amada mientras baila.

— Mientras baila desnuda.

— ¿Desnuda? Wie kommen Sie drauf?

— Leyendo el texto con los ojos abiertos y sin prejuicios morales. Que la amada baila en público, está claro.

— Sí, eso está claro.

— ¿Pero no ve Usted además que nos pinta los pechos y las caderas y el vientre de la amada? Wie kann er das, wenn sie nicht nackt tanzt?

— Sie muß ja nicht ganz, ganz nackt sein ...

— Also fast ganz nackt, von mir aus. Sandalen hat sie auf jeden Fall an.

— Ja, Sandalen hat sie auf jeden Fall an:

> *¡Qué lindos son tus pies en las sandalias,*
> *hija de príncipe!*
> *Las curvas de tus caderas son collares,*
> *obra de manos de artista.*
> *Tu ombligo es una copa redonda,*
> *rebosante de licor.*
> *Tu vientre, un montoncito de trigo,*
> *de lirios rodeado.*
> *Tus pechos, dos crías mellizas de gacela.*
> *Tu cuello, una torre de marfil.*
> *Tus ojos, dos estanques...* (7,1–6)

No entiendo todas las metáforas, pero me gustan, incluso eso de que el vientre es un montoncito de trigo. ¿Pero los lirios que rodean el vientre?

— Hay quien dice que los lirios que rodean el veintre son el vello del pubis.

— Die Schamhaare?

— Eso dicen algunos.

— Kann sein. Pero bien, me gusta eso de que las curvas de las caderas son collares, obras de artista. Y me gusta aún más en alemán:
Die Rundung deiner Hüfte ist wie ein Halsgeschmeide
aus des Meisters Hand.

— ¿Y qué le parece eso de que el ombligo es una copa redonda
rebosante de licor?
— Ja, ein großer Kenner, dieser Liebhaber: Er weiß, wie süß der
Bauchnabel schmecken kann.
— ¿Y los estanques de los ojos?
— Una metáfora deliciosa: die Augen als Teiche.
— ¿Y las crías de gacela?
— Sí, ya vimos en otro pasaje que a los pechos de la amada los llama crías mellizas de gacela. Y ya hemos comentado que me parece
una imagen surrealista que me gusta, aun sin entenderla. En cambio
me gusta y entiendo la metáfora en la que compara a su amada con
una palmera y a sus pechos con racimos de dátiles que cuelgan de
la palmera:

¡Qué hermosa eres, qué bella
encanto de mis amores!
Tu talle se parece a la palmera,
tus pechos, a los racimos de dátiles. (7,7–8)

¿Y qué hace un hombre enamorado de esa palmera?
— Se sube a la palmera y come de sus dátiles.
— ¡Exacto!

Me dije: Subiré a la palmera,
cogeré sus racimos.
y serán sus pechos para mí
como racimos de uvas... (7,9)

— Un lenguaje metafórico pero bien claro, claramente erótico.
— Und wieder der Zungenkuß:

Tu boca es un vino exquisito
que fluye suavemente para mí,
que fluye entre mis labios y mis dientes. (7,10)

Y la amada es nuevamente quien toma la iniciativa, quien invita al amado a hacer el amor.

— Le invita y le incita.

— Ja, sie lädt ihn nicht nur zur Liebe ein, sie fordert ihn regelrecht dazu auf:

Yo soy de mi amado y él siente pasión por mí.
Vamos, amado mío, salgamos al campo,
pasemos la noche en las aldeas;
de madrugada iremos a las viñas;
veremos si ya verdea la viña,
si las flores ya se abren,
si florecen los granados.
Allí te daré mi amor. (7,12–13)

— Eine tolle Geliebte! Eine ganze Nacht mit ihrem Geliebten im Freien, umherwandernd, ziellos, auf der Suche nach den Zeichen des Frühlings, also der Liebe ...

— Eine ganze Nacht als Vorspiel.

— ¡Muy bien dicho! Toda una noche como preludio. Para concluir: Allí te daré mi amor.

— ¡Eine wahrhaft tolle Geliebte! Tan enamorada, que quisiera ser hermana de verdad de su amado para poder besarle en público, ohne dadurch Anstoß zu erregen.

— Sin escandalizar a la gente.

— Frisch bis frech:
¡Ah, si tú fueras mi hermano,
amamantado a los pechos de mi madre!
Al verte por la calle te podría besar,
sin que me criticara la gente.

Una paradoja casi infantil.

— Una paradoja de una mujer enamorada.

— Una fantasía erótica que sigue así:

Te metería en la casa de mi madre,
en la alcoba de la que me dio a luz;
y yo te daría a beber vino aromático,
el dulce licor de mis granadas... (8,2)

El dulce licor de mis granadas... Esas granadas ¿serán los pechos o la vulva?

— Pueden ser ambas cosas. La granada es, como Usted sabe, un fruto muy erótico que recuerda tanto los pechos como la vulva.

— Eher die Vulva, würde ich sagen ...

— Sí, puede ser.

— Podríamos seguir citando pasajes y comentándolos, aunque hay algunos que yo no entiendo o que no me gustan, como aquéllos que utilizan metáforas militares. Así que, si no le parece mal, acabemos escuchando el himno final al amor, de labios del amado:

...el amor es más fuerte que la muerte,
la pasión es más implacable que el Abismo... (8,6)

Si el amor es o no más fuerte que la muerte, ya lo hemos comentado alguna vez, y si mal no recuerdo, creo que llegamos a la conclusión de que eso es un sueño, una ilusión...

— Recuerda Usted bien.

— ¿Y eso de que la pasión sea más implacable que el Abismo?

— El Abismo, der Abgrund, es aquí el Seol, el mundo de ultratumba, el reino de la muerte, implacable, unerbittlich ...

— Und so unerbittlich ist die Leidenschaft der Liebe?

— So unerbittlich kann sie wohl sein.

— Y sigue:

Sus llamas son flechas de fuego, llamarada divina...

— Die Liebe als Flamme, als Feuerpfeile, ja sogar als göttliche Flamme ... Bekannte Bilder.

— Bekannt dürften auch die Bilder sein, mit denen die Hymne endet:

> *Los océanos no podrían apagar el amor,*
> *ni los ríos podrían anegarlo.*

— Son hipérboles muy poco originales.

— Y termina con una exhortación más bien moralizante:

> *Quien pretendiera comprar el amor*
> *con todas las riquezas de su casa*
> *sería despreciable.* (8,7)

— Ob die Liebe käuflich ist, das steht auf einem anderen Blatt.

— Und es wäre außerdem ein zu weites Feld ...

— Sí, nos llevaría demasiado lejos. Pero dígame, ahora que me ha leído los pasajes que más le han gustado, qué impresión general ha sacado Usted de esta lectura.

— Me pregunto cómo ha podido ir a parar a la Biblia una colección de poemas eróticos.

— No es Usted el único que se hace esa pregunta.

— ¿Y?

— Que no hay una respuesta definitiva. La explicación más simple y más plausible es, a mi entender, la que dice que la Biblia, en principio, no es únicamente un libro sagrado, es decir religioso, sino un compendio de los textos más diversos, religiosos o no, un compendio de los textos más apreciados de la tradición cultural judía.

— ¿Una especie de compendio?

— Sí, una especie de compendio, que reúne documentos teológicos, morales, históricos, jurídicos, poéticos... Y por eso supongo que estos poemas de amor se incluyeron en ese compendio o enciclopedia que nosotros llamamos Biblia porque sí, porque eran poemas muy bellos de amor, una especie de antología de poemas de amor...

— Pero la Biblia la consideran los creyentes, tanto judíos como cristianos, como un libro sagrado...

— Sí, con el tiempo la Biblia fue adquiriendo un carácter cada vez más sagrado, hasta convertirse en eso que llaman palabra de Dios, libro revelado... Y claro, si es un libro revelado, religioso, un libro en el que se basa la fe de los creyentes, a esos creyentes les resulta difícil entender que Dios haya revelado unos poemas francamente eróticos, unos poemas francamente profanos. Así que una de dos: o se eliminan de la Biblia o se busca en ellos un sentido religioso...

— Y ya sabemos que quien busca encuentra.

— Sí, quien busca acaba encontrando. Ya sabe Usted que quien ha decidido creer en algo encuentra siempre argumentos para probarlo.

— No se me había ocurrido, pero ahora que Usted lo dice me parece evidente: si se quiere, se encuentran argumentos para probar la verdad de las ideas más absurdas.

— Pues bien, yo supongo que, para justificar la presencia de unos poemas eróticos en un libro cada vez más sagrado, los reinterpretaron, los espiritualizaron, los sacralizaron...

— No es fácil.

— No, no es fácil convencer a alguien de que lo erótico no es erótico.

— Sí, no es fácil convencer a nadie de que unos pechos de mujer no son unos pechos de mujer, de que unas caderas no son unas caderas, de que un vientre no es un vientre y de que una cama no es una cama.

— No, no es fácil. Pero sí, hay un método muy sencillo: Decir que estos poemas hay que entenderlos simbólicamente.

— Que parecen eróticos pero que no lo son...

— Eso es: que parecen eróticos pero que no lo son. Que son símbolos del amor espiritual.

— ¿Amor espiritual?

— Sí, y hay varias variantes: una variante judía dice que estos poemas de apariencia erótica cuentan simbólicamente la relación entre Dios y el pueblo judío...

— Interessant!

— No menos interesante es una variante cristiana que quiere convencernos de que estos poemas de apariencia erótica cuentan simbólicamente la relación entre Jesús y la Iglesia...

— ¿Una Iglesia con tetas, ombligo y vientre? Eine wahrhaft geile Kirche.

— Sí, una Iglesia francamente cachonda. Pero no es eso todo. Otra variante cristiana personaliza mucho más este simbolismo: estos poemas de apariencia erótica contarían simbólicamente la relación entre Jesús y el creyente o la creyente.

— Das wird immer geiler.

— Allerdings! Pero, según esta variante no se cuenta aquí la relación entre Jesús y el cuerpo del creyente o la creyente, sino la relación entre Jesús y el alma creyente.

— Una relación erótica puramente espiritual...

— Sí, una relación erótica puramente espiritual.

— Die Quadratur des Kreises!

— Sí, la cuadratura del círculo. Y me sospecho que esa cuadratura del círculo ha permitido a multitud de frailes y monjas, sobre todo monjas, sublimar su frustrada sexualidad a base de orgasmos más o menos místicos...

— Was Sie nicht sagen!

— No sé si sabe Usted que es normal que las monjas se llamen a sí mismas esposas de Jesús...

— Un inmenso harén...

— Sí, un inmenso harén. Pero un harén con innumerables mujeres, normalmente vírgenes, donde todas ostentan la categoría de esposa.

— Wie das?

— Es normal que las monjas lleven un anillo.

— ¿Un anillo de matrimonio?

— Un anillo de matrimonio.

— ¿Sabe lo que le digo? Que no quiero seguir hablando de estos simbolismos y espiritualismos.

— ¿Por qué?

— Porque eso me entristece.

— ¿Le entristece?

— Ja, es macht mich traurig, unendlich traurig.

— ¿Y eso por qué?

— Porque me da pena, una pena inmensa, saber que hay tantos hombres y tantas mujeres que no conocen el amor, el amor en su sentido primario, erótico...

— Sí ¿verdad?

— Y que se vean obligados, para consolarse, a practicar un amor espiritual...

— Un amor espiritual que otros llaman amor místico.

— Pero bueno, Usted también practicó ese amor espiritual o místico...

— Sí, durante años.

— ¿Durante cuántos años?

— Durante unos quince años.

— Fünfzehn Jahre, eine lange Zeit.

— Sí, quince años son muchos años. Pero tuve la suerte de descubrir el eros.

— Tarde.

— Sí, pero más vale tarde que nunca. Y no sabe Usted lo contento que estoy de poder cantar los pasajes más bellos del Cantar de los Cantares en su sentido original, con toda la intensidad erótica de que yo soy capaz. Poder decirle a mi mujer, una mujer de carne y hueso, una mujer con labios, pechos, ombligo y vientre, que sus pechos son racimos de uvas, que sus besos saben a vino y a miel, o invitarla a celebrar conmigo la primavera:

Levántate, amada mía, preciosa mía,
que ya ha pasado el invierno,
han cesado las lluvias y se han ido.
Las flores aparecen en el campo,
ha llegado el tiempo de la poda;
y se oye en nuestra tierra el arrullo de la tórtola.
Apuntan los brotes de la higuera,
las viñas en flor exhalan su fragancia.
¡Levántate, amada mía, preciosa mía, ven!
Paloma mía...

déjame ver tu rostro,
déjame oír tu voz.
¡Es tan dulce tu voz,
tan hermoso tu rostro! (2,8–14)

— Me da Usted envidia.
— ¿Por qué?
— Porque yo no he estado nunca así de enamorado de una mujer.
— Pues ya va siendo hora.
— Ich bemühe mich schon!
— Bemühen Sie sich nicht! Seien Sie einfach offen!
— Meinen Sie?
— Claro, hombre. Un hombre tan sensible como Usted acabará encontrando la mujer de sus sueños y podrá decirle:

Me has robado el corazón,
hermana y esposa mía,
me has robado el corazón
con una sola mirada de tus ojos,
con una sola perla de tu collar.
¡Qué hermosos tus amores,
hermana y esposa mía,
son mejores que el vino tus amores! (4,9–10)

— Schön wär´s.
— Schön wird es sein.
— ¡Ojalá!